Carsten Linnemann

„Die ticken doch nicht richtig!"

Carsten Linnemann

„Die ticken doch nicht richtig!"

Warum Politik neu denken muss

HERDER

FREIBURG · BASEL · WIEN

© Verlag Herder GmbH, Freiburg im Breisgau 2022
Alle Rechte vorbehalten
www.herder.de

Umschlaggestaltung: Gestaltungssaal, Rohrdorf
Umschlagmotiv: © 360b / shutterstock
Satz: ZeroSoft, Timişoara
Herstellung: GGP Media GmbH, Pößneck
Printed in Germany

ISBN (Print): 978-3-451-39087-6
ISBN (EPUB): 978-3-451-82851-5
ISBN (EPDF): 978-3-451-82852-2

Inhalt

Kapitel 1
In der Politik:
Das hatte ich mir anders vorgestellt!

Deutschland im Spätfrühling 2021. Der quälende Streit zwischen Armin Laschet und Markus Söder, wer Kanzlerkandidat werden soll, war endlich beigelegt. Mir war klar, der anstehende Bundestagswahlkampf würde nach 16 Regierungsjahren hart werden. Ich wollte vorher noch einmal raus aus dem politischen Betrieb und kräftig durchschnaufen.

Also machte ich mich auf den Weg in den Süden Deutschlands. Ein paar Tage Ayurveda. Ein Bekannter schwärmte mir davon seit Jahren vor („Da bekommst du den Kopf richtig frei"). Die Tage hatten es dann in sich. Sehr viel Ruhe – von jetzt auf gleich. Von der Überholspur auf den Rastplatz.

Richtig frei wurde es in meinem Kopf nicht. Aber die Themen, über die ich nachdachte, veränderten sich: Schnell kam ich bei den grundsätzlichen Fragen an, also all jenen, für die im Tagesgeschäft keine Zeit blieb. Wie stelle ich mir – wenn alles gut läuft – die zweite Hälfte meines beruflichen Lebens vor? Warum bin ich eigentlich in die Politik gegangen? Was habe ich erreicht? Und was kann ich noch erreichen? Kann ich überhaupt noch was erreichen?

Bald war ich mit den Gedanken am Anfang meines Berufslebens, dann in der Kindheit. In meiner Familie wurde Anstrengung immer großgeschrieben. Meine Eltern hatten mehr als 40 Jahre lang eine Buchhandlung in Paderborn. Mein Bruder Marcus und ich halfen dort schon in jungen Jahren als „Laufjungen" aus. Wir mussten Bücher austragen, zur Post gehen oder andere Botengänge machen. Meine Eltern haben viel gearbeitet. Tagsüber in der Buchhandlung, nachts wurden Überweisungen geschrieben und der restliche Bürokram erledigt. So war das damals.

Meine Mutter war Buchhändlerin durch und durch. Sie kam aus einer Bauernfamilie, arbeitete früh als Hauswirtschafterin. Sie las gern und viel. Und es machte ihr Freude, anderen Menschen den Spaß am Lesen zu vermitteln. Insbesondere Kindern. Das war genau ihr Ding.

Mein Vater war der klassische Unternehmertyp. Er sah in jedem Risiko eine Chance. Er kam aus armen Verhältnissen und arbeitete nach der Mittleren Reife in einem Kiosk. Das machte ihn nicht glücklich. Deshalb ließ er sich zum Buchhändler ausbilden. 1977 eröffnete er in einem Paderborner Kaufhaus seine erste Buchhandlung. Alle rieten ihm davon ab, mit dem Laden in ein Kaufhaus zu gehen. Wer kauft denn dort Bücher? Er zog es trotzdem durch. Und hatte Erfolg. Er suchte ständig nach neuen Herausforderungen, um erfolgreich zu bleiben. Als Amazon versprach, bestellte Bücher innerhalb von 24 Stunden zu verschicken, war auch das für ihn ein Anreiz. Er stellte kurzerhand Studenten ein, die mit Fahrrädern schneller als der US-Konzern waren.

Wer hat mich im Job besonders geprägt? Natürlich Norbert Walter, dessen Assistent ich bei der Deutschen Bank war, nachdem ich mein Studium beendet hatte. Walter, der viel zu früh gestorben ist, hat den Titel „Chefvolkswirt" wie kein anderer geprägt. Er hatte analytischen Scharfsinn und sagte immer seine Meinung, ganz egal, was der Vorstandsvorsitzende darüber dachte oder lieber gehört hätte. Walters Geradlinigkeit imponierte mir. Von der Deutschen Bank ging ich zur IKB nach Düsseldorf. Dort musste ich erleben, wie eine Bank ganz schön ins Schleudern geraten kann, wenn sich Investmentbanker verzocken. Ein Erlebnis, auf das ich gern verzichtet hätte. Trotzdem will ich diese Erfahrung nicht missen.

Politisch war ich immer aktiv. Erst in der Jungen Union, dann im Rat meiner Heimatgemeinde Altenbeken und schließlich im Paderborner Kreisvorstand der CDU. Als ich 2009 in den Bundestag einzog, war ich voller Elan. Ich wollte Deutschland verändern, ganz schnell und umfassend. Ich wollte Pflöcke einschlagen, genau wie meine drei Vorbilder es jeweils auf ihre Art getan hatten: mein Vater Antonius, Norbert Walter und Ludwig Erhard, der Vater des deutschen Wirtschaftswunders.

Bald musste ich erfahren, dass ich mit meinem Elan allein in Berlin nicht durchkam. Dass es dicke Bretter sind, die man in Berlin bohren muss, war mir klar. Aber dass die Bretter häufig nur bemalt werden, weil der Mut zum Bohren fehlt – das war mir nicht klar.

Damit ziele ich gar nicht auf andere Politiker oder Parteien, schließlich waren wir – die Union – 16 Jahre ununterbrochen an der Regierung. Für mich stellt sich einfach die Frage, ob unser Land überhaupt noch in der Lage ist, unser Niveau zu halten, ob wir noch die Kraft für echte Reformen haben. Wobei ich damit nicht nur den politischen Betrieb meine, sondern unsere gesamte Verwaltungs- und Behördenstruktur, die Justiz, das Schulwesen, die öffentliche Infrastruktur, um nur einige Eckpfeiler zu nennen.

Immer wieder frage ich mich: Ist dieses System mittlerweile so komplex, so intransparent und so stark verkrustet, dass sich die Strukturen nicht mehr aufbrechen lassen? Und warum tun wir uns mit diesen notwendigen Veränderungen so schwer? Wenn nur noch Bedenkenträger, Zauderer und Bürokraten in diesem Land Oberwasser haben, dann sind wir so weit von Aufbruch, Reform und Erneuerung entfernt wie mein Heimatverein, der TuS Egge Schwaney, vom Gewinn der Champions League.

Wo ist er hin, der Geist, der meinen Vater, Norbert Walter und auch Ludwig Erhard beseelte? Ich erinnere mich noch genau, mit welchem Gefühl des Aufbruchs ich den CDU-Parteitag in Leipzig im Dezember 2003 verließ, auf dem Angela Merkel die vielleicht beste Rede ihres Lebens hielt, in der sie der rot-grünen Bundesregierung unter Gerhard Schröder die Leviten las: „Wir können mehr. Deutschland kann mehr. Zeigen wir, was in diesem Land steckt. Setzen wir die Kräfte des Aufbruchs frei. Geben wir diesem Land, was es verdient."

Die CDU wollte mit Reformen Deutschland auf Vordermann bringen. Es ging um den legendären Bierdeckel von Friedrich Merz, auf den eine Steuererklärung passen sollte. Es ging um Eigenverantwortung im Gesundheitssystem. Ich fuhr begeistert zurück nach Chemnitz, wo ich zu der Zeit an der Uni am Lehrstuhl für Makroökonomie arbeitete. Ich hatte das Gefühl, dass die CDU – entschlossen wie nie – tiefgreifende Veränderungen will.

Auch ich wollte zu diesen Veränderungen beitragen und Pflöcke einschlagen. Das habe ich dann auch gemacht. Doch ich muss zugeben: Es waren nur kleine. So konnte ich unter anderem meine Idee der Flexirente umsetzen, die längeres, freiwilliges Arbeiten attraktiver macht. Ich konnte auch dazu beitragen, dass der Meisterbrief im Handwerk wieder eingeführt und die kalte Progression abgeschafft wurde, was Millionen Steuerzahler finanziell entlastet hat.

Aber wenn ich ehrlich bin – ich wollte viel mehr. Ich wollte echte Reformen. Und zwar so richtig große, die strukturell greifen und unserem Land neuen Schwung verleihen. Doch anstatt über Zukunft, Aufbruch und Dynamik haben wir in all den Jahren, in denen ich im Bundestag bin, eigentlich immer nur über Krisen geredet und darüber, wie man sie in den Griff kriegt: erst über die Finanz- und Eurokrise, dann über die Flüchtlingskrise und wenig später über die Coronakrise. Krisenbewältigung wurde zum Tagesgeschäft, der Krisenmodus zum politischen Normalfall. Und das Tagesgeschäft band alle Kräfte.

Und jetzt sind wir noch eine Umdrehung weiter. Der Ukrainekrieg ist jenseits dessen, was wir uns in Deutschland überhaupt vorstellen konnten. Erstmals seit mehr als 70 Jahren erlebt Europa einen Angriffskrieg, eine militärische Auseinandersetzung, die alle unsere vermeintlichen Gewissheiten von einem gesicherten Frieden in Europa vernichtet hat.

Der Krieg bringt Auswirkungen mit sich, die jüngere Generationen nur aus Geschichtsbüchern kennen. Die Inflation steigt in ungeahnte Höhen. Die grundlegend falsche Zinspolitik der Europäischen Zentralbank entpuppt sich als Unsinn mit hohen Risiken für Deutschland und am Ende für die ganze Eurozone. Nachdem insbesondere die Preise für Energie- und Lebensmittelkosten explodierten, begann die Debatte, wie den sozial Schwächeren in unserer Gesellschaft geholfen werden kann. Dass sich Deutschland von russischem Erdgas abhängig gemacht hat, erwies sich als Verhängnis.

Kurzum: Die Politik geriet durch den russischen Krieg gegen die Ukraine in den nächsten Krisenmodus. Sie musste reagieren, ihr blieb keine andere Wahl. Denn in der Auseinandersetzung mit dem Kreml ging und geht es um Substanzielles, um die Zukunft unseres Landes, um unsere Demokratie, um die künftige Sicherheitsarchitektur in Europa und in der Welt. Aber sollte Krisenmodus wieder einmal bedeuten, dass wir uns erneut in einem politischen Tunnel bewegen und alles andere liegen lassen? Dass wir es wieder versäumen, an all das heranzugehen, was wir an Herausforderungen und Problemen schon seit Jahren vor uns herschieben?

Das darf nicht sein. Wenn ich nur an den Zustand unserer sozialen Sicherungssysteme denke. Das System droht schon bald zu erodieren. Wir geben immer mehr Mittel ins Gesundheitssystem und beim Patienten kommt immer weniger an. Bei der Rente ist die Finanzierungslücke heute schon riesig, obwohl die geburtenstarken Jahrgänge erst in den nächsten Jahren in Rente gehen. Seit Jahren sehen wir das Dilemma, seit Jahren lamentieren wir in der Politik darüber. Nur: Es passiert nichts. Wo auch immer richtig angepackt werden müsste: Es bewegt sich einfach zu wenig. Die Republik scheint wie erstarrt. Lethargie macht sich breit. Warum gelingt es der Politik nicht mehr, über die Tagespolitik hinaus zu denken und zu agieren?

Auf einer Klausurtagung des CDU-Bundesvorstandes in Hamburg im Januar 2016 ergab sich eine gute Gelegenheit, dieser Frage auf den Grund zu gehen. Wir diskutierten darüber. Ich wollte von der damaligen Bundeskanzlerin wissen, wie sie die heftige Aneinanderreihung von Krisen eigentlich mental durchhält. Angela Merkel antwortete, dass sie sich vor allem im Heute bewegen müsse. Die nächsten Politikergenerationen müssten die kommenden Herausforderungen angehen. Ich konnte sie menschlich sehr gut verstehen. Doch wo soll das hinführen, wenn wir immer nur Politik für das Heute machen?

Seit diesem Gespräch setze ich mich für eine Verlängerung der Wahlperiode von vier auf fünf Jahre ein, damit langfristigeres Denken im Bundestag einzieht und nicht ständig auf die nächste Wahl geschielt wird. Aber es muss sich viel mehr verändern. Wir brauchen in Deutschland einen neuen Geist der Veränderungsbereitschaft und nicht einen der Verzagtheit. Die Devise muss lauten: Einfach mal machen!

Die Coronakrise hat gnadenlos offengelegt, was hierzulande alles schiefgelaufen ist und noch schiefläuft. Bei uns stehen die Faxgeräte nicht nur in den Museen, sondern auch in den Gesundheitsämtern. Viele Schulen waren damit überfordert, den Unterricht per Videoschalte zu organisieren. In einigen Ämtern stapelten sich Bauanträge und Zulassungsbescheide, weil die zuständigen Bearbeiter im Homeoffice keinen vollständigen Zugriff auf alle Unterlagen und Systeme hatten. Von den Staus in Sachen Bearbeitung von Bürgeranliegen wie Ausstellung neuer Personalausweise ganz zu schweigen.

Bürger, mit denen ich in dieser Zeit sprach, hatten für die Versäumnisse kein Verständnis mehr. Warum sollten sie auch? Sie erlebten während der Pandemie monatelang Streit über Schutzmaßnahmen. Sie erlebten unklare Zuständigkeiten, niemand wollte Verantwortung übernehmen, dazu ein Wust an Auflagen und Regelungen, die sich zum Teil ständig änderten und – noch schlimmer – widersprachen. So kann man eine Krise nicht stemmen. „Ihr tickt doch nicht richtig!" war noch die netteste Wutmail, die ich als Politiker zu diesem Durcheinander bekam.

Das hatte aber auch seine gute Seite: Die Coronakrise hat wirklich jedem klargemacht, dass es so nicht weitergehen kann. Landauf und landab ist eine größer werdende Bereitschaft zu Veränderung und Neuerung festzustellen. Einen solchen Moment gab es zuletzt vor etwa zwei Jahrzehnten. Er führte zur Agenda 2010. Deutschland stand mit dem Rücken zur Wand. Damals war den meisten bewusst, dass die Arbeitslosenzahlen nicht noch weiter steigen dürfen, dass wir Reformen brauchen, um das Blatt zu wenden.

Jetzt geht es nicht nur darum, mutige Erneuerungen umzusetzen. Wir müssen tiefer gehen, wenn wir in Zukunft in Freiheit, Sicherheit und Wohlstand leben wollen. Denn der Krieg gegen die Ukraine führt uns mehr denn je vor Augen, dass wir viel abhängiger sind vom Weltgeschehen, als es viele dachten. Ob es den Energie-, Chip- oder Mineralienbereich betrifft – wir sind abhängig ohne Ende.

Kurzum: Deutschland muss jetzt die Weichen zu jener großen Staatsreform stellen, die vor nichts Halt macht. Mir ist klar, dass das ein enormer Kraftakt wird. Und ich bin auch nicht sicher, ob er gelingt. Aber ich sehe es als letzte Chance für unser Land und unsere Zukunft.

Zur besseren Lesbarkeit wird in diesem Buch auf eine konsequente Aufzählung beider Geschlechter verzichtet. Gemeint sind bei allgemeinen Personenbezügen jedoch stets beide Geschlechter.

Kapitel 2
Der unfähige Staat:
Begegnungen mit der Realität

Ich muss zugeben, dass mir bei der Recherche für dieses Buch, vor allem aber auch bei den Gesprächen, die ich mit Bürgern überall in Deutschland geführt habe, immer wieder ein sehr bedrückendes Wort in den Sinn kam: Staatsversagen. Viele Gesprächspartner berichteten mir von Erlebnissen und Erfahrungen, die mit der Dysfunktionalität in Teilen des Staates zu tun haben. Die Liste der Versäumnisse und Blamagen ist lang – und sie wird absehbar länger. Und dabei geht es um das Ansehen des Staates und seiner Institutionen und damit um den Erhalt unserer Demokratie.

Die Justiz ist überlastet: Verfahren dauern Ewigkeiten, Ermittlungen müssen wegen Verjährung eingestellt werden. Die Bundeswehr ist nur bedingt abwehrfähig. Der Investitionsstau bei der öffentlichen Infrastruktur ist gewaltig: bröckelnde Brücken und Autobahnen, sanierungsbedürftige Bildungseinrichtungen, fehlende Digitalisierung in den Verwaltungen.

Zum traurigen Symbol für die Unfähigkeit unserer staatlichen Strukturen wurde der Bau des Großflughafens Berlin-Brandenburg. Die ersten Arbeiten erfolgten im Herbst 2006, der Flugbetrieb sollte fünf Jahre später starten. Sieben Mal wurde der Eröffnungstermin neu angesetzt. Vor der Planung waren die Baukosten mit nicht einmal einer Milliarde Euro veranschlagt worden. 2008 wurden von den Projektverantwortlichen schon 2,4 Milliarden Euro genannt. Jetzt wissen wir: Es sind mehr als sieben Milliarden Euro geworden – und die öffentliche Hand schießt weiter Geld in den Airport. Ob der jemals profitabel betrieben werden kann, ist offen.

Aber es gibt eben auch die andere Seite. Ich treffe immer wieder auf Menschen, die „einfach mal machen". Das imponiert mir und zeigt, dass es geht, wenn man nur will. Wer verhindern möchte, findet Gründe. Wer etwas verändern will, findet Wege – zur Not asphaltiert er sie sogar.

Gezeigt hat das die Gemeinde Mayschoß im Ahrtal. Das 1000-Seelen-Dorf war vom Hochwasser im Sommer 2021 schwer betroffen, die Bilder des zerstörten Ortes gingen um die Welt. Die Bundesstraße, die durch die Gemeinde führte, war weggespült worden, sie musste neu gebaut werden. Das Dorf wäre mit normalen Autos nicht mehr erreichbar gewesen. Zum Glück gab es eine Schotterpiste oben in den Hügeln der Weinberge. Die Aussicht, monatelang eine holprige Trasse benutzen zu müssen, bis die Bundesstraße neu gebaut worden ist, war den Einwohnern zu viel des Schlechten. Sie asphaltierten kurzerhand die Piste – ohne Antrag, ohne Planfeststellungsverfahren, ohne sonst was. Was normalerweise Jahre gedauert hätte, passierte in Mayschoß innerhalb weniger Tage. Und es ging gut.

Nun kann man sagen: Deutschland kann also, wenn es nur will! Damit ist kein Plädoyer verbunden, dass Kommunen oder Bürger Gesetze aushebeln, auf Umweltschutz und Rechte Dritter pfeifen sollen, wenn sie in Not sind – das wäre auch zynisch vor dem Hintergrund der Tragödie im Ahrtal. Worum es mir geht: Warum dauert es „normalerweise" Jahre, bis ein Antrag durch ist? Wieso kriegen wir das nicht schneller hin? Ist das Land überreguliert? Warum sind wir mitunter so ineffizient? Und brauchen die Kommunen nicht viel mehr eigene Entscheidungsgewalt?

Claus Ruhe Madsen, Wirtschaftsminister in Schleswig-Holstein, hat in seiner Zeit als Oberbürgermeister von Rostock während der Pandemie gezeigt, wie es gehen kann. Als die Schulen geschlossen waren, hat er die Lehrkräfte ermuntert, Unterricht nach draußen zu verlegen, Schülern etwa beizubringen, wie man die Höhe eines Hauses bemisst oder ihnen Wissen über Natur zu vermitteln. Er hat Einzelhändlern den Weg geebnet, ihre Geschäfte für kurze Zeit aufzumachen, wenn sich Kunden vorher digital anmeldeten („Click & Meet"). Madsen ging richtigerweise davon aus, dass etwa Läden für Schuhe oder Brautmoden nicht gestürmt werden, wenn sie für einige Stunden offen sind. Er hat nicht gewartet, was ihm von Bund oder Land vorgegeben wurde, sondern „einfach gemacht".

Eigeninitiative und Unternehmergeist werden abgewürgt

Eigeninitiative ist gefragt. Nur leider wird sie häufig vom Staat verhindert, der davon eigentlich profitieren würde. Ich kenne einen Unternehmer in Nordrhein-Westfalen, der Hotels, Freizeitbäder und Fitnessstudios betreibt und während des Wellenbrecher-Lockdowns im November 2020 rund 600 Leute in Kurzarbeit schicken musste, ohne zu wissen, ob er jemals wieder öffnen würde. Er vermisste Kreativität in der Politik und den Willen, nach Lösungen zu suchen. Er hatte den Eindruck, dass keiner was riskieren wollte. Also wurde der Unternehmer selbst initiativ.

Er erinnerte sich an eine Firma, die Leuchten herstellt und ein Gerät im Angebot hat, das mittels UV-Licht Keime tötet. Dieses Gerät nutzt er selbst in seinen Einrichtungen, zumal der Verband der Elektrotechnik Elektronik Informationstechnik e. V. (VDE) auch beim Coronavirus Sars-CoV-2 seine Wirksamkeit bestätigt hat.

Nun gab es die Idee, das Gerät in Serie für Klassenraumgrößen zu fertigen, was für die Schulen weitaus kostengünstiger wäre als mobile Luftreiniger, die Tausende Euro kosten, riesengroß und relativ laut sind. Die UV-Geräte hängen dagegen ruhig an der Decke.

Der Unternehmer bot das Gerät Schulen an, zunächst der, auf die seine Kinder gehen. Diese zeigte sich sehr aufgeschlossen. Er erzählte mir: „Wir haben mit dem Förderverein der Schule und dem Hersteller gesprochen, hatten nach relativ kurzer Zeit 70.000 Euro für einen Testlauf mit 50 Geräten zusammen. Unser Ziel war, dass Schulen offen bleiben. Deshalb wollten wir das unbedingt versuchen, hatten gar die Idee, dass das der Bund wissenschaftlich begleitet. So ein Projekt ist eine tolle Sache – dachten wir. Aber dann ging der Spießrutenlauf los."

Das Konzept wurde beim technischen Gebäudemanagement der Stadtverwaltung eingereicht. Der Schulleiter konnte die Entscheidung nicht allein treffen, weil die Geräte relativ viel Strom verbrauchen und die Anschlüsse passen müssen. „Der Strom war absolut finanzierbar. Und der Gegenwert wären geöffnete Schulen gewesen. Aber nichts geschah. Es ging wahnsinnig viel Zeit ins Land, ohne dass wir Bescheid erhielten.

Wir fragten immer wieder nach und bekamen überhaupt keine Rückmeldung. Irgendwann kriegten wir mit, dass die Stadt schon 100 mobile Luftfilter ausgeschrieben hatte für Räume, die nicht gelüftet werden können. Damit war unser Projekt tot." Die Stadtverwaltung hatte offenbar kein Interesse an einer Kooperation.

„In Krisenzeiten muss man auch mal übliche Pfade verlassen und etwas ausprobieren", sagte der Unternehmer. „Das muss auch für Behörden gelten. Aber ich habe ganz andere Erfahrungen gemacht. Manchmal hatte ich den Eindruck, dass die Verwaltung in Deutschland nicht mehr in der Lage ist, neue Wege zu gehen. Keiner wagt, etwas zu entscheiden. Keiner hat den Mut, mal was Neues auszuprobieren."

Dazu passt eine haarsträubende Geschichte aus Berlin, die mir der Bauunternehmer und Immobilienentwickler Damian Fenner und sein Geschäftspartner, der Projektentwickler und Architekt Till-J. Patzschke, erzählten. Fenners Unternehmen kaufte im Frühjahr 2019 ein Grundstück in Köpenick, auf dem der Bestand aufgestockt werden sollte und eine Nachverdichtung zwischen zwei Brandwänden geplant wurde. Im Sommer 2019, nachdem der Erwerb vom Notar bestätigt worden war, reichte das Duo eine Voranfrage ein mit dem Ziel, die Bewilligung des Projektes schnell zu erhalten. 49 neue Wohnungen unterschiedlicher Größen sollten dort entstehen. Der Bedarf an Wohnungen ist gerade in Berlin enorm.

„Das Okay in Form eines Bauvorbescheids kam im November 2019. Das ging, gemessen an Berliner Verhältnissen, recht schnell", erzählte mir Patzschke. Unmittelbar danach reichten die Unternehmer den eigentlichen Bauantrag ein – und die Odyssee begann. Fachlich gesehen handelt es sich um eine sogenannte Baulückenschließung, da die neuen Wohnungen zwischen zwei bestehenden Häusern errichtet und nicht höher als die benachbarten Häuser werden sollten. Eigentlich eine Routineanfrage und eine Routineentscheidung. Aber nicht in Berlin. Und erst recht nicht während der Pandemie. Halb Berlin saß im Homeoffice.

„Jedes Mal, wenn wir Unterlagen eingereicht oder nachgereicht hatten, dauerte es vier bis sechs Wochen bis zur ersten Rückmeldung. Es wurden weitere Forderungen an uns gestellt. Mal wurden Änderungen am Layout zur besseren Lesbarkeit unserer Pläne verlangt, bevor es plötzlich hieß: Bitte lassen Sie die Dachterrasse weg und übersenden Sie uns einen neuen Plansatz", berichtete Patzschke. „Dann haben wir das gemacht und wieder vier bis sechs Wochen gewartet, ehe es aus der zuständigen Behörde hieß: Jetzt hätten wir gerne noch ein naturschutzrechtliches Gutachten. Okay. Wieder gingen vier bis sechs Wochen ins Land. Und so weiter und so fort. Wir sind schon vieles gewöhnt, aber das war noch mal echt ein starkes Stück Berlin."

Das Problem für die Unternehmer war, dass sie nicht in das Bauamt gehen und auf den Tisch hauen konnten. Normalerweise haben alle Ämter in Berlin immer dienstags am Vormittag im Bereich Bauaufsicht Sprechzeit. Wegen der Coronapandemie war aber alles zu. Dafür hatten die zwei Geschäftspartner Verständnis. Der Schutz vor dem Virus hatte halt Vorrang. Aber das konnte doch nicht heißen, dass dann gar nichts mehr geht. Doch so war es.

Als immer neue Forderungen kamen, schlugen Fenner und Patzschke vor, sich in der Behörde zu treffen und kurz einmal über alles zu reden, was sich angesammelt hatte – auch an Frust.

Die Angestellten des Bauamtes bestanden auf Schriftverkehr. Anfang 2022 kam ein weiteres Problem hinzu. Die Telefone im Bezirksamt Treptow-Köpenick waren drei Monate lang abgestellt, weil die Behörde umgezogen war. Egal welche Nummer man wählte: Es ging sofort der Anrufbeantworter ran. „Wir sind gerade im Umzug und ab Juni 2022 wieder erreichbar", hieß es.

„Aber auch vor dem Umzug war es eine Katastrophe. Ich habe es immer wieder telefonisch versucht", sagte Patzschke. „Mit Glück habe ich nach dem zehnten Versuch jemanden erreicht. Die Sachbearbeiterin bat um Entschuldigung und erklärte, sie sei im Homeoffice und nur mittwochs am Arbeitsplatz. Entscheidungen fällen könne sie nur, wenn sie die Unterlagen einsehen könne, die aber eben in der Behörde waren. Da habe ich mich dann schon gefragt: Was macht die gute Frau denn die ganze Zeit? Ehrlich gesagt hatte ich den Eindruck, dass die Behörde das Homeoffice genießt und nur so tut, als arbeitete sie."

Irgendwann hatte Patzschke die Nase voll von der endlosen Mailschreiberei und telefonischen Warteschleifen. Er fuhr ins Amt, wurde aber vom Wachpersonal gestoppt. Tage später versuchte er es wieder und bat den Security-Mann um Einlass. Denn inzwischen war die erste Finanzierung geplatzt, die Bank hatte den Kredit abgesagt.

„Am Ende haben die für das Projekt wichtigsten Leute täglich x-mal in dem Amt angerufen, weil der finanzielle Schaden für uns immer größer wurde", erzählte Fenner. „Mal hieß es, die zuständige Sachbearbeiterin habe einen Inlineskating-Unfall gehabt. Vorher war mal die Einschulung ihrer Kinder der Grund, warum sie frei hatte. Dafür hatten wir natürlich Verständnis. Aber dass derweil alles liegen blieb, war schwer zu verstehen."

Geschafft hat es Patzschke am Ende mit einem symbolischen Kniefall. Er fuhr in das Amt und flehte die zuständige Beamtin an, den Bau zu genehmigen, weil auch der zweite Kreditantrag zu scheitern drohte. Das klappte schließlich. Eine Woche später traf die erlösende Mail ein. „Wir haben gefühlt 100 Jahre auf diese frohe Kunde gewartet", sagte Fenner. „Und dann fehlte der Anhang mit der Baugenehmigung, den wir der Bank vorlegen mussten. Wir haben sofort geschrieben, dass der Anhang nicht dabei war und wir ihn dringend brauchen. Elf Tage später kam die Antwort – mit dem erlösenden Anhang."

Alles in allem waren zweieinhalb Jahre vergangen, bis die Baugenehmigung vorlag – in einer Stadt, die den Wohnungsbau zum Schwerpunkt erhoben hat. Im Koalitionsvertrag von SPD, Grünen und Linke heißt es unter der Überschrift „Zukunftshauptstadt Berlin. Sozial. Ökologisch. Vielfältig. Wirtschaftsstark" neben vielen Versprechen, die Verwaltung solle digitaler und effizienter werden: „Der Neubau bezahlbaren Wohnraums hat für die bedarfsdeckende Versorgung besonders von Menschen mit mittleren und niedrigen Einkommen höchste Priorität. Es wird ein Bündnis für Wohnungsneubau und bezahlbares Wohnen gegründet, das die städtischen Wohnungsbaugesellschaften, die Genossenschaften und die privaten Wohnungsunternehmen einbezieht, um Wohnungsbauvorhaben konsequent voranzutreiben."

Spätestens bei „konsequent" musste ich lachen. Was verstehen die Bauämter in der Hauptstadt unter konsequent? Fenner und Patzschke verloren, wie sie mir versicherten, sehr viel Geld als Folge der Verzögerung. Es ist sogar möglich, dass die Unternehmer am Ende draufzahlen müssen, wenn es nun noch zu Komplikationen beim Bau oder unerwarteten Baukostensteigerungen kommt, die in der Regel unvermeidlich sind. Es drohen zudem Schadenersatzzahlungen, da das Gebäude schon weiterverkauft worden ist, der Übergabetermin jedoch kaum mehr gehalten werden kann. Übrigens geht das Haus an einen Start-up-Gründer, der dort technikaffine Jungunternehmer unterbringen will.

Fachkräfte gehen lieber woanders hin

Es sieht so aus, als sei es immer wieder der Amtsschimmel, der Deutschland Zügel anlegt. Antje Eckel führt das nach ihr benannte Unternehmen, das qualitativ hochwertige, moderne Zusatzstoffe auf pflanzlicher Basis für Tierfutter herstellt, durch die sich zum Beispiel der Einsatz von Medikamenten reduzieren lässt. Das Unternehmen ist ein Pionier der Branche und weltweit führend auf dem Gebiet von Futterzusatzstoffen für Nutztiere und Aquakulturen. Frau Eckel erzählte mir von ihrem verzweifelten Kampf, einen Geschäftsführer für ihre Firma zu gewinnen.

Einen Chef für ein solches Unternehmen zu finden, ist alles andere als leicht. Er braucht umfassende Erfahrung in der Branche, muss den Markt und das internationale Umfeld kennen, mehrere Sprachen verhandlungssicher können, Lust auf den deutschen Mittelstand haben – und dann auch noch nach Niederzissen wollen, ein Dorf nahe Koblenz. Man muss nicht vom Fach sein, um zu erahnen, dass die Auswahl bei diesen Anforderungen nicht gerade riesig ist.

„So jemanden findet man nicht in Deutschland, oftmals auch nicht in der EU", berichtete Frau Eckel. Irgendwann jedoch hatte es geklappt. In Thailand einigte sie sich mit einem argentinischen Agrarwissenschaftler, der dort die Niederlassung eines deutschen Konzerns leitete, zuvor auf verschiedenen Kontinenten in der Branche tätig gewesen war, überhaupt allen Anforderungen entsprach und Lust hatte, auf dem Land in Rheinland-Pfalz zu wohnen. Seine Familie lockte er mit dem Versprechen bestmöglicher Bildungseinrichtungen in Deutschland.

Nun begann für Frau Eckel das Ringen mit den Behörden. Zunächst ging es um die Anerkennung der Hochschulabschlüsse – waren die auch gut genug für Deutschland? Das wirft die Frage auf, wieso die Entscheidung darüber nicht bei der Firma liegt, die den Mann anheuern will. Gesucht wurde ein Geschäftsführer und keine Hilfskraft. Da sollte man glauben, eine Unternehmensleiterin weiß, was sie tut und was gut für ihren Laden ist.

Nachdem das geklärt war, wurde der Ehefrau und den drei Kindern die Einreise verwehrt, weil sie kein Deutsch sprachen. Das hätte bedeutet, dass die Familie in Thailand das Aufenthaltsrecht verloren und mit Sack und Pack zurück nach Argentinien gemusst hätte, um dort Deutsch zu lernen, um dann in die Bundesrepublik einreisen zu können. Die Unternehmerin tat alles, um die Familie des Geschäftsführers nach Deutschland zu holen.

Frau Eckel schrieb an Land- und Bundestagsabgeordnete, wandte sich an die Industrie- und Handelskammer (IHK) und das „Welcome Center" von Rheinland-Pfalz, das IHK und Mainzer Landesregierung mit dem Ziel gegründet haben, „internationale Fachkräfte, die in Rheinland-Pfalz arbeiten möchten oder bereits hier beschäftigt sind, bei ihrem Neustart zu unterstützen". Endlich erhielten die Frau und die Kinder die Einreisegenehmigung, geknüpft an das Versprechen, innerhalb eines gewissen Zeitraumes Deutsch zu lernen.

Man muss wissen, dass in Frau Eckels Unternehmen 70 Menschen aus 17 verschiedenen Ländern arbeiten. Die Mitarbeiter kommunizieren in 20 verschiedenen Sprachen, weshalb in der Firma Englisch gang und gäbe ist. Deutsch ist für die Firma nicht entscheidend, weil 60 Prozent des Geschäfts im Ausland stattfinden. Die meisten Mitarbeiterinnen und Mitarbeiter des Unternehmens haben in der Heimat studiert und sind dann mit einem Stipendium nach Deutschland gekommen. Wenn man hier ist, bekommt man in der Regel eine Arbeitserlaubnis, falls man einen Job findet, was für gut ausgebildete Fachleute leicht ist.

Gleich der erste amtliche Brief der Behörden an die Frau des Geschäftsführers hinterließ einen unschönen Eindruck, wie Frau Eckel berichtet. „Darin stand nicht ‚Prima, dass Sie da sind', sondern ‚Hier ist Ihr Zeitplan für das Deutschlernen'. Statt Willkommensworte für eine Familie, die sich hier in Deutschland einbringen will und deren Unterhalt mehr als gesichert ist, bekommt man mitgeteilt: ‚Wenn Sie am Integrationskurs nicht teilnehmen, dann müssen Sie damit rechnen, dass sie ausgewiesen werden.'" Frau Eckel bemühte sich, wie sie konnte, der Südamerikanerin das Einleben zu erleichtern. „Auf den Ämtern wurde kein Englisch gesprochen. Vielleicht wollten oder trauten sie sich nicht. Deshalb ließen wir die Frau bei Behördengängen stets von einem Dolmetscher begleiten."

Es kam, wie es kommen musste. Die Argentinierin wurde krank. Sie wollte schnell wieder nach Hause. „Sie fühlte sich unwohl und ungewollt." Die Familie zog zurück nach Südamerika. Das Unternehmen hatte also nach fast einjähriger Suche einen Geschäftsführer gefunden und bald wieder verloren. „Der Wegzug ist ein Verlust. Und einen neuen Geschäftsführer oder eine neue Geschäftsführerin zu suchen, dauerte wieder lange und war teuer, da ich einen Headhunter engagieren musste." Frau Eckel ist enttäuscht, aber nicht sauer auf die Behörden, weil sich die Beamten an die Regeln gehalten haben. „Ich will niemanden in die Pfanne hauen", sagte sie. „Denn alle haben ihr Bestes gegeben, meiner Firma und mir zu helfen."

Was Frau Eckel mit ihrem Geschäftsführer erlebt hat, geschieht so oder ähnlich jeden Tag in Deutschland. Fachkräfte müssten bei uns als Mitarbeiter willkommen sein – aber wir legen ihnen und den Unternehmern gleichermaßen Steine in den Weg, wobei hier Felsblöcke der richtigere Begriff wäre. Ich wurde von etlichen Gesprächspartnern, die irgendetwas mit diesem Thema zu tun hatten, auf die Problematik des Fachkräftemangels hingewiesen, der mehr und mehr bedrohliche Ausmaße annimmt, weil es inzwischen nicht nur an Experten fehlt, sondern auch an Helfern und weniger gut ausgebildeten Leuten.

Besonders eklatant ist der Mangel an Arbeitskräften – ob Fachleute oder Helfer – in der Pflege, der Gastronomie, dem Handwerk und dem IT-Bereich. In absehbarer Zeit werden weitere Branchen hinzukommen. Ende März 2022 fehlten nach Berechnungen des Kompetenzzentrums Fachkräftesicherung, das zum Institut der deutschen Wirtschaft gehört, 558.000 Fachkräfte. Die Zahl der offenen Stellen hatte sich innerhalb von nur drei Monaten um 88.000 erhöht. Dabei sollte ein Gesetz, das im März 2020 in Kraft getreten ist, den Zuzug qualifizierter Fachleute aus Ländern außerhalb der EU deutlich erleichtern.

Doch das Gesetz ist hinter den Erwartungen zurückgeblieben. Denn trotz einiger Erleichterungen ist auch dieses Verfahren nach wie vor komplex und langwierig. Nehmen wir etwa einen Grafikdesigner aus Vietnam, der sich auf eine offene Stelle in Baden-Württemberg beworben hat. Sein Weg nach Deutschland führt über das Konsulat in Hanoi. Dort muss er – wenn er denn überhaupt einen Termin bekommen hat – Dokumente wie die Anerkennung seines Berufs- oder Hochschulabschlusses vorlegen sowie deutsche Sprachkenntnisse und in vielen Fällen die Zustimmung der Bundesagentur für Arbeit nachweisen.

Schon in dieser Phase kommt der Bewerber direkt oder indirekt mit vielen Ämtern in Deutschland in Kontakt, die in den Zuständigkeitsbereich unterschiedlichster Regierungsstellen in Berlin fallen: Das Bundesministerium für Arbeit und Soziales ist für arbeitsrechtliche Vorgaben zuständig. Das Bundesministerium für Entwicklung und Zusammenarbeit sowie das Bundesministerium des Innern und für Heimat kümmern sich um Sprachnachweise und aufenthaltsrechtliche Bestimmungen. Das Auswärtige Amt erteilt das Visum. Das Bundesministerium für Bildung und Forschung regelt die Anerkennung der Berufsabschlüsse. Aber Deutschland wäre nicht Deutschland, hätten die Länder nichts mitzureden.

Die lange Dauer, häufig ein halbes Jahr und länger, sowie die Komplexität des Verfahrens sind ein gewaltiges Problem. Die Verwaltungen sind zwar bemüht, die Vorgänge zu straffen, zu vereinheitlichen und zentrale Anlaufstellen zu schaffen. Die unterschiedlichen, zum Teil gegenläufigen Interessen verhindern aber effiziente Lösungen im Sinne der Unternehmen und der Fachkräfte – eine Misere, die auch in anderen Politikfeldern besteht.

Der Fall von Frau Eckel ist besonders bedauerlich. Denn immerhin zog der Wunschkandidat mit Familie nach Deutschland. Dass er, seine Frau und die Kinder Deutschland wieder verlassen haben, mag vor allem an persönlichen Gründen gelegen haben. Ob er bei einer anderen Willkommenskultur vonseiten der Behörden geblieben wäre, werden wir nicht mehr erfahren. Aber auch das müssen wir mitbedenken. Denn der Wohlfühlfaktor ist in unserer gestressten Gesellschaft ein wichtiger Aspekt – und Wirtschaft hat immer auch mit Psychologie zu tun. Was mag einem Bewerber durch den Kopf gehen, wenn ihn das Land, in das er gehen will, mit Formularen und Kontrollen überhäuft? Schafft das Vertrauen?

In Deutschland muss endlich verstanden werden, dass wir mit vielen anderen Staaten, die nicht weniger attraktiv sind, um die besten und klügsten Köpfe konkurrieren. Wir müssen alles dafür tun, ein unbürokratisches und schnelles Verfahren zur Einwanderung zu etablieren, um Interessenten eine klare Perspektive geben zu können. Sonst werden wir das Zukunftsrennen um die besten Fachkräfte verlieren.

Trotzdem stellt sich die Frage, wie es möglich ist, dass Deutschland nicht in der Lage ist, abgelehnte Asylbewerber abzuschieben, aber fähige Fachkräfte regelrecht abzuschrecken. Auch darin zeigt sich eine Schieflage. Deutschland benötigt, wie das Beispiel mit dem argentinischen Agrarexperten zeigt, fraglos Fachkräfte aus dem Ausland für den Arbeitsmarkt. Aber diese Erwerbsmigration ist strikt zu trennen von der Asylpolitik. Werden diese beiden Dinge miteinander vermengt, droht die Akzeptanz in der Bevölkerung für weitere Zuwanderung verloren zu gehen.

Ich habe Frau Eckel gefragt, was denn konkret zu tun sei, um Deutschland für mehr Fachkräfte aus dem Ausland attraktiv zu machen. Sie meinte: „Alles steht und fällt mit dem Bewusstsein für den Wert, den Fachkräfte für uns bedeuten. Ganz gleich, ob sie nun dauerhaft hierbleiben oder nach Hause zurückkehren und von dort Geschäfte mit uns machen, was ebenfalls einen Wert darstellt. Das sagt sich so einfach. Aber wir müssen mehr dafür tun, mehr Hürden abbauen, mehr investieren, damit wir nicht nur interessierte Bewerber anziehen, sondern sie auch dauerhaft in den Arbeitsmarkt kriegen."

Klar ist aber auch, dass wir das Potenzial der hier lebenden Menschen insgesamt besser heben müssen. Dazu braucht es ein gutes Bildungssystem. Gute Bildung ist eines der wichtigsten Zukunftsthemen unseres Landes – wenn nicht sogar das wichtigste.

Schulen können ihren Bildungsauftrag nicht erfüllen

2001 schockten die Ergebnisse der ersten Pisa-Studie die deutsche Öffentlichkeit. Und heute? „Die Lernrückstände von Viertklässlern in Deutschland betragen nach der Zeit der coronabedingten Schulschließungen und des Homeschoolings im bundesweiten Schnitt bis zu einem halben Jahr. Bei neu aus dem Ausland zugewanderten Schülerinnen und Schülern kann es sogar bis zu einem Jahr sein, was an den üblichen Lernzuwächsen fehlt", berichtete der *Tagesspiegel* am 1. Juli 2022 unter Berufung auf eine Untersuchung des Berliner Instituts zur Qualitätsentwicklung im Bildungswesen an der Humboldt-Universität.

Wie werden junge Generationen auf die Berufswelt vor-
bereitet? Auch dazu machte ich mich schlau, indem ich mit
Lehrerinnen und Lehrern in Städten unterschiedlicher Größen
sprach, unter anderem in Berlin, Hamburg und Paderborn.
Manche arbeiteten an Schulen in Brennpunktvierteln. Alle
klagten über die Bürokratie, das Ausufern von Konferenzen
und Tätigkeiten, die nichts mit der originären Aufgabe des Be-
rufs zu tun haben: Kinder und Jugendliche fit für ihr künftiges
Leben zu machen. Besonders die Berichte von Beschäftigten an
Bildungseinrichtungen in Wohngebieten mit sozial schwacher
Bevölkerung haben mich regelrecht erschüttert.

Ich berichte hier nur über Ausreißer – nicht um reißerisch
zu sein, sondern weil dort die Probleme liegen, die wir lösen
müssen, wenn Deutschland weiter so stark bleiben soll, wie es
noch ist.

Ich hörte von Jugendlichen in der achten oder neunten
Klasse, die nicht richtig lesen und rechnen können, die keine
Ahnung haben, wie unser Land und die parlamentarische Demokratie funktionieren. Lehrer klagten, dass die unterschiedlichen Lernniveaus die guten und sehr guten Schüler aufhalten und ihnen dadurch berufliche Chancen nehmen. Berichtet
wurde mir von Jungen und Mädchen, die jedes Mal aufbegeh-
ren, wenn von ihnen erwartet wird, ein Buch zu lesen. „Das ist
für viele meiner Schülerinnen und Schüler zu komplex, eine
Halbjahresaufgabe", erzählte mir eine Lehrerin, bei der ich
nicht einmal sagen darf, in welcher Stadt sie arbeitet. Wer mit
solchen Geschichten an die Öffentlichkeit geht, wird nämlich
schnell als Nestbeschmutzer bezeichnet.

„Ob Jungen oder Mädchen – sehr viele, viel zu viele, sind
schlicht und einfach maßlos überfordert. Früher konnten zwei

oder drei Schülerinnen oder Schüler in der achten Klasse nicht rechnen oder nicht lesen oder beides nicht. Jetzt sind es zwei oder drei, die es können. Das Sprachniveau ist sehr unterschiedlich, was nicht immer mit einem Migrationshintergrund zu tun hat. Manche haben zu Hause ganz einfach kein richtiges Deutsch gelernt", sagte die Lehrerin. Ihr Fazit: „Das Sprach-, Leistungs- und Lernniveau ist so unterschiedlich, dass jeder Einzelne im Grunde eine Individualbetreuung bräuchte. Aber das geht natürlich schon aus finanziellen Gründen nicht."

Es ist nicht so, dass die Eltern die Lehrkräfte unterstützen, sondern im Gegenteil ihren Kindern sagen: „Lass dir das nicht gefallen, wehre dich." Und im besten Fall auch noch die Keulen mit der Aufschrift „Rassismus" oder „Islamfeindlichkeit" schwingen, vor der dann viele Lehrer zurückzucken.

Die Lehrerin einer Schule in einem Brennpunktbezirk erzählte mir, mit welchen Problemen die Schüler zu Hause zu kämpfen haben, was sie vom Lernen abhält. „Die haben Angst, dass gerade daheim die Mutter geschlagen wird oder der große Bruder schon wieder Drogen verkauft oder der kleine Bruder Keile kriegt."

Was mich schockiert hat, waren die Berichte über Jugendliche ohne jedes Ziel. Als eklatant beschrieb die Lehrerin die Interessenlosigkeit ihrer Schützlinge. „Höchstens Sport. Aber sonst? Nichts. Nicht Musik, nicht Natur, nicht Kultur, einfach gar nichts. Das führt dazu, dass die Freizeit nicht gestaltet wird. Die Jugendlichen wissen auch noch nichts von der Welt außerhalb ihres Kiezes. Wenn ich sage, wir gehen am Wandertag in den Wald, dort gib es keinen Kiosk, wo man sich Getränke kaufen kann, glauben sie es nicht und staunen dann, dass es so ist. Oder sie wundern sich über den seltsamen Geruch der Natur, weil sie zum ersten Mal im Leben Wald riechen."

Ich weiß von einer Lehrkraft, die den russischen Angriffs-krieg gegen die Ukraine in ihrer Klasse thematisierte. Sie zitierte Bundeskanzler Olaf Scholz, der von einem „eklatanten Bruch des Völkerrechts" sprach und sagte: „Dies ist ein furchtbarer Tag für die Ukraine und ein dunkler Tag für Europa." Bundes-tagspräsidentin Bärbel Bas erklärte in einem Schreiben an den ukrainischen Parlamentspräsidenten Ruslan Stefantschuk: „Der 24. Februar 2022 wird als ein schwarzer Tag in die Geschichte Europas und der gesamten zivilisierten Welt eingehen."

Jeder und jedem sollte klar sein, was damit gemeint ist, werden Sie jetzt denken. Besagte Lehrerin forderte einen Tag nach Beginn des Krieges – es war ein Freitag – ihre Schüler auf, sich Gedanken darüber zu machen, warum Politiker von einem „dunklen" oder „schwarzen Tag" redeten. Ich dachte, ich höre nicht richtig, als sie mir erzählte, was für Wortmeldungen aus ihrer Klasse kamen. „Ist damit so was gemeint wie Black Friday bei Amazon?" Oder: „Ist vielleicht ein schwarzer Tag für Fridays for Future gemeint?" Die Lehrkraft wollte auf die Folgen des Ukrainekrieges für Europa und speziell Deutschland aufmerk-sam machen. Stattdessen musste sie erst einmal erklären, was „schwarzer Tag" bedeutet, wo die Ukraine liegt und dass das angegriffene Land nicht allzu weit von uns entfernt ist.

Ich dachte, das können nur absolute Ausreißer sein, und habe mit meinem Parteikollegen Falko Liecke darüber gespro-chen, der seit 2009 als Stadtrat im Berliner Brennpunktbezirk Neukölln arbeitet und sich bestens auskennt. Er hat das Buch „Brennpunkt Deutschland" geschrieben, das jeder Politikin-teressierte lesen sollte. Seine These lautet: Was in Neukölln passiert, wird in einigen Jahren überall im Bundesgebiet ge-schehen. Nachdem ich es gelesen habe, glaube ich: Er hat recht, wenn wir nicht gegensteuern. Ich fragte Falko Liecke nach seinen Erfahrungen mit der Berliner Schulbildung, ob es wirklich so schlimm ist, wie es mir auch anderswo geschildert worden ist, und ob er Ähnliches aus Neukölln berichten kann. Er sagte mir, dass ihm Lehrer ebenfalls Erlebnisse dieser Art geschildert hatten – und auch von zunehmender Gewalt in den Schulen.

Die oben schon zitierte Lehrkraft berichtete: „Jeden Tag kann es auf dem Schulhof explodieren. Ein minimaler Anlass reicht, dass es zu einer Massenschlägerei kommt. Was machen wir nicht alles an Präventions-, Konflikt- und Gewalttraining!? Aber das fruchtet bei den Schülern zu wenig." Als die andere Seite sieht sie das mediale Ausschlachten, sobald ein, zwei oder drei Jugendliche mit arabischen Wurzeln Straftaten begangen haben, die für Schlagzeilen sorgen. „Es ist ein Unding, wenn ich erlebe, dass Schüler als Schläger- und Betrügergesocks bezeichnet werden und jemand als Rädelsführer dargestellt wird, nur weil er Mohammed heißt. Da fehlt es dann an jeder Differenzierung." Auch das ist ein Teil der Wahrheit.

Gerade an der Entwicklung in den Schulen hängt unglaublich viel. Wie sollen Jugendliche, die kaum lesen können, durchs Leben kommen? Wie sollen sie einen Beruf erlernen? Wie mit der Informationsflut umgehen? Wie Fake News erkennen? Was haben Menschen für ein Verhältnis zu ihrem Staat, wenn sie nicht wissen, wie er funktioniert?

Polizei und Bundeswehr in der Krise

Es ist Voraussetzung, dass junge Menschen den Staat und ihr Land schätzen und verteidigen. Sonst gerät ein weiterer Baustein im Fundament der Demokratie und des Wohlstands ins Wanken: die innere Sicherheit. Die zunehmende Staatsverachtung, die durch wissenschaftliche Untersuchungen belegt ist und nicht nur von politischen Extremisten ausgeht, ist eine große Herausforderung, weil sie am Gewaltmonopol der Polizei rüttelt.

„Die Verachtung für den Staat ist deutlich spürbar", sagt Kristian Beara. Er arbeitet in Köln als Polizist, ist Anfang 40 und Polizeigewerkschafter bei der Deutschen Polizeigewerkschaft. Nach seinen Beobachtungen schlägt der Vertrauensverlust in parlamentarische oder öffentliche Institutionen zunehmend in Hass auf alles Staatliche um, was die Polizei ständig abbekommt. Während der Proteste gegen die Schutzmaßnahmen zur Eingrenzung der Coronapandemie zeigten sogenannte Querdenker immer wieder Unverständnis für polizeiliche Maßnahmen.

Aber es sind nicht nur Links- oder Rechtsradikale, die keinen Respekt vor dem Staat und seinen Vertretern haben. „Bei alltäglichen Einsätzen wie bei Schlägereien oder Ruhestörungen erleben wir, dass Staatsverachtung bei Leuten mit Migrationshintergrund stärker vorhanden ist. Viele erkennen nicht an, dass die Polizei das Gewaltmonopol hat und der Staat die Regeln des gesellschaftlichen Miteinanders bestimmt. Gerade in muslimischen Kreisen ist eine Paralleljustiz erkennbar, etwa durch Friedensrichter."

Kann es sein, dass mancher Einwanderer und sogar noch deren Kinder kein echtes Verhältnis zum deutschen Staatswesen haben, weil sie in einer Parallelwelt leben? Mangelnder Respekt vor Lehrern, Polizisten, Schaffnern, Notärzten oder Feuerwehrleuten – auch das ist Alltag in Deutschland. Auch das geht vielfach von Angehörigen aus Einwandererfamilien aus, aber natürlich nicht nur.

Wie sich der Verlust an Respekt vor Amtspersonen auswirkt, hat Beara oft am eigenen Leib erlebt oder bei Kollegen gesehen. „Wenn ich vor ein paar Jahren zu jemandem gesagt habe, dass er stehen zu bleiben hat, blieb er stehen. Heute gibt es erst Widerspruch, dann Wortgefechte und am Ende folgt die Solidarisierung durch Begleitpersonen oder Wildfremde nach dem Motto: Alle gegen die Polizei. Und irgendwer greift zur Handykamera – immer. Die Geilheit, so nenne ich es mal ganz trivial, zu filmen, ist wirklich sehr, sehr auffällig, wie ein Ritual der Selbstbestätigung. Widerworte hat es auch früher schon gegeben. Aber die Aggressionen, die Pöbeleien, Beleidigungen und die Bereitschaft, sich auch mit Gewalt zu wehren und Gewalt gegen uns Polizisten oder andere Amtspersonen auszuüben, hat quantitativ zugenommen. Das ist kein subjektives Empfinden. Ich denke, das wird jeder Einzelne meiner Kollegen bestätigen."

Die Polizei sichert die demokratischen Eckpfeiler unserer Gesellschaft. Sie ist da, wenn demonstriert wird und Kundgebungen abgehalten werden, damit Meinungen frei geäußert werden können. Die Polizei stärkt den Staat. Aber stärken wir auch genug die Polizei? Es ist unglaublich, was wir in den vergangenen Jahrzehnten über die Ausrüstung unserer Sicherheitsorgane diskutiert haben. Was kriegt die Polizei? Taser? Neue Pistolen? Und wie steht es um eine moderne IT, damit unsere Polizei mit den Kriminellen mithalten kann? Jahrelang wird diskutiert, aber oftmals passiert viel zu wenig.

Ähnliches zeichnet sich im Umgang mit der Bundeswehr ab. Auch hier wird jahrelang diskutiert. Soll die Bundeswehr neue Hubschrauber und Kampfjets erhalten oder reichen die alten? Und wenn ausgeschrieben wird, dann dauert es immer noch Ewigkeiten.

Einer meiner Gesprächspartner, der anonym bleiben möchte, ist Jurist und hat die 2018 vom Bundesrechnungshof aufgedeckte Berateraffäre im Verteidigungsministerium intensiv verfolgt. Im Kern drehte sich der Skandal darum, dass an externe Berater rechtswidrig Millionenverträge vergeben worden waren. Mit ihm habe ich über den Zustand der Bundeswehr und über die 100 Milliarden Euro für militärische Aufrüstung, Technik und Know-how gesprochen, die der Bundestag im Frühjahr 2022 verabschiedet hat.

Der Experte erklärte: „Die miserable Ausrüstung der Bundeswehr kann aus meiner Sicht nicht dadurch beendet werden, dass jetzt scheinbar Monopolisten Aufträge kriegen, alles liefern und den Staat in eine Abhängigkeit bringen. Die Lehre, die man auch schon aus der Berateraffäre ziehen konnte, müsste lauten: Wir sind ein hoch industrialisiertes Land, lasst uns Aufträge in der Breite vergeben, um mehr Ressourcen nutzbar zu machen. Doch das Gegenteil ist der Fall, weil der Beamtenapparat überfordert ist. Da entscheiden zum Teil Leute, die keine Ahnung von der Bundeswehr haben."

Ausschreibungen müssen sein. Doch müssen wir die Frage klären, ob ein Panzer tatsächlich bestimmte CO_2-Werte einhalten muss, damit er nach der deutschen Arbeitsstättenverordnung zulässig ist. Eine der Vorgaben aus der Verordnung, die den Schutz Schwangerer verbessert, gilt eben nicht nur für Büros, sondern wird auch für Panzer angewendet, weshalb im

Innenraum eines Panzers die Kohlenmonoxid- und -dioxid-Belastung den Wert eines Arbeitsplatzes für Schwangere nicht überschreiten darf.

Und die Zeitung *Welt* berichtete am 19. Juli 2022 von einer Ausschreibung für 107.000 Vorhängeschlösser für die Bundeswehr, wie es sie teilweise im Baumarkt zu kaufen gibt, nicht etwa nur hoch komplizierte Spezialanfertigungen. *Welt*-Rüstungsexperte Gerhard Hegmann schrieb in seinem Artikel: „Diese könnten also vermeintlich leicht zu beschaffen sein, doch wenn die Bundeswehr Schlösser einkauft, wird das zum Bürokratiemonster-Verfahren." Die Ausschreibung der Koblenzer Behörde umfasste 25 Dokumente und Regeln mit insgesamt 200 Seiten. Selbst Vorgaben für die Verpackung „in verschiedenen Klimazonen, in festen und belüfteten Gebäuden oder im Freien" und die „Schließverschiedenheit pro Schlüsselprofil" wurden gemacht. Hegmann zitierte aus den Unterlagen: „Die Schließwalze muss mindestens zwei Schlüsselkanalprofillinien vorweisen, die sich auf der Mittellinie des Schlüsselkanals mindestens berühren, besser noch überlappen."

Da verstehe ich es sehr wohl, wenn die eine Wählerin oder der andere Wähler meint: „Die ticken doch nicht richtig!"

Deutschland nah am Verwaltungsbankrott

Berater sind ja nicht nur im Verteidigungsministerium unterwegs, auch andere Ressorts holen sich permanent Firmen ins Haus. Die Ampelkoalition hat mit der Praxis der Vorgängerregierungen nicht gebrochen. Sie hat im ersten halben Jahr ihres Bestehens für mindestens 270 Millionen Euro Leistungen für externe Beratung und Unterstützung eingeplant. Zum Vergleich: Die Vorgängerregierung gab 2020 für externe Beratung etwa 430 Millionen Euro aus. Nach Angaben des Finanzministeriums schlossen die Ressortchefs von SPD, Grünen und FDP in der Ampelregierung zwischen dem 8. Dezember 2021 bis zum 31. Mai 2022 insgesamt 305 Verträge ab.

Ich wollte mehr darüber erfahren, was die Gründe für diese Entwicklung sind. Also traf ich mich mit einem pensionierten Beamten, der schon im Kanzleramt und diversen Ministerien gearbeitet hat. Er kennt den Regierungsapparat aus dem Effeff. Er sieht Deutschland „nahe am Verwaltungsbankrott" und nennt mehrere Faktoren, die seiner Meinung nach nicht nur die Ministerien in ihrer Leistungsfähigkeit behindern, sondern die gesamte Verwaltung Deutschlands.

Es gebe ein mangelndes Interesse der Hausleitungen in den Ministerien an Verwaltungsreformen, weil Erfolge Zeit und viel Kärrnerarbeit erfordern und innerhalb einer Legislaturperiode kaum sichtbar werden. Es fehle auch schlicht die Digitalisierungskompetenz. Die Zielvorstellungen von Verwaltungen seien unklar, und es grassiere Mittelverschwendung, weil die Erreichung von Verwaltungszielen „in time and budget" fast nie eine Rolle spiele, wie etwa bei Rüstungsprojekten und allgemeinen Bauvorhaben. Stattdessen zu beobachten sei Wasserkopfbildung („217 Generäle, aber keine einsatzfähige Division") und schlichtes Wunschdenken („die Respektrente wurde ohne Beitragszahlungsäquivalent auf den Weg gebracht, ohne organisatorische Voraussetzungen und – mangels exakter Datenlage – ohne genaue Kenntnis der Wirkungsweise"). Dazu komme die immer weiter fortschreitende Komplexität der Welt, „die der Verwaltungsbeamte als eigene Herausforderung noch gar nicht begriffen hat".

Mein Gesprächspartner formulierte die Misere so: „Wir müssen uns gesamtstaatlich fragen: Steht eigentlich der Bürger im Mittelpunkt des Verwaltungshandelns? Ich würde sagen: Nein, nicht einmal in den kleinen Dingen des Verwaltungsalltags. In Deutschland gilt immer noch: schriftlich und mit Stempel. Wer nicht immer wieder amtliche Beweise seiner Existenz vorlegt und die immer gleichen Angaben zu Wohnort, Geburtstag und amtlichen Nummern in den immer wieder gleichen Formularen hinterlegt, der kann seine Anliegen und Ansprüche nicht geltend machen, obwohl der Staat und seine Institutionen alle wichtigen Daten über ihn vorhalten. Moderne Datentechnik würde es erlauben, nach den Prinzipien ‚single contact‘ und ‚once only‘ zu funktionieren, und das nicht nur an Werktagen.“ Die Bürger müssten also nur einmal mit den Behörden Kontakt aufnehmen.

Um zu verstehen, was er konkret meint, schilderte mir der pensionierte Beamte zwei simple Beispiele: „Ein Baby kommt in einer Klinik zur Welt, Eltern und ihr Wohnort bekannt, Kontonummer bekannt, hoffentlich auch schon der Name des neuen Erdenbürgers. Warum sind die Kindergeldzahlungen nicht 48 Stunden später auf dem Konto der Eltern, automatisch und mit geringstem Verwaltungsaufwand? Der Traum könnte schon längst Realität sein, sicher seit mindestens zehn Jahren. Das hätte viele Millionen Eltern erfreut und entlastet. Aus vielen ähnlichen Erleichterungen würden spürbare Entlastungen werden und die Zufriedenheit der Bürger mit ihrem Staat deutlich steigern.“ Die Realität sieht nach wie vor anders aus: Es müssen Anträge ausgefüllt und eingereicht werden, die in der Verwaltung gelesen, geprüft und entschieden werden müssen.

Zweites Beispiel: „Jemand besucht ein Autohaus, ein Auto gefällt ihm besonders gut, die Kreditkarte ist ausreichend gedeckt, der Führerschein vorhanden, die Einwohnermeldedaten sind abrufbar und die Versicherungsdeckung nur einen Mausklick entfernt. Auch ein Nummernschild ist zur Hand. Warum kann der Jemand das Autohaus nicht gleich mit dem zugelassenen Auto verlassen? Mit sinnvollem Datenmanagement ein Kinderspiel."

Der pensionierte Beamte blickte in dem Zusammenhang auch auf die Coronapandemie zurück: „In einem föderalen Staat ist ein gewisses Maß an Vielfalt staatlicher Regeln zu akzeptieren. Angesichts regionaler Unterschiede vor Ort haben die auch ihre Berechtigung. Aber: Unterschiedlichkeit ist keine Rechtfertigung für sorglose Intransparenz und Kommunikationsdefizite. In der Krise wäre z. B. eine Regulierungslandkarte sinnvoll gewesen, die zu einem echten Servicedienst auszubauen wäre: Tagesaktuell und standortspezifisch würden alle relevanten Coronavorschriften aufbereitet und Unternehmen und Bürger mit Push-Nachrichten über Änderungen auf dem Laufenden gehalten. Die Daten sind da, die Instrumente, die Technik sind vorhanden. Wir nutzen sie nur nicht.

Wussten wir über das Infektionsgeschehen genau Bescheid? Haben wir es statistisch erfasst? Nein! Wir waren aber auch gar nicht in der Lage dazu, die Daten zu erheben, die man braucht, um die Situation aktuell zu bewerten. Zweieinhalb Jahre nach Beginn der Pandemie wussten wir nicht, wer infiziert ist. Wir konnten keine Infektionsketten nachbilden. Wir hatten keine Ahnung, wer geimpft ist und wer nicht. Hätten wir die Daten gehabt, wäre eine Risikoabschätzung viel leichter gewesen."

Weiter sagte er: „Das Thema ist offenkundig mental bisher nicht in der Verwaltung angekommen, jedenfalls nicht im nötigen Umfang. Während in der Wirtschaft, allen voran an den Börsen, Akteure häufig innerhalb von Sekundenbruchteilen Entscheidungen treffen müssen und dies nur unter Einsatz immer anspruchsvollerer Technik schaffen, gelingt es uns nicht einmal, eine Hochwasserwarnung rechtzeitig an die davon betroffenen Menschen herauszugeben."

Auch eine andere Diskrepanz zwischen Behörden und Wirtschaft sei auffallend: die mangelhafte Kompetenz der Verwaltung, die Ziele ihrer Arbeit klar zu definieren und Prozesse effizient zu organisieren. „Früher hat ein Unternehmen alles selbst hergestellt, bis ein Endprodukt fertig war, zum Beispiel ein Auto. Heute sind viele Zulieferer daran beteiligt. Der Autobauer muss jedoch diesen komplizierten, aber notwendigen Prozess beherrschen und sich dafür Regeln geben. Nur so rollt am Ende der Wagen vom Band, den der Kunde bestellt hat."

Dazu weiter der ehemals hochrangige Beamte: „In der Verwaltung und in Ministerien fehlt aber genau diese Struktur, was auch damit zu tun hat, dass es keine klare Beschreibung gibt: Was ist unser Produkt, was unser Ziel? Wenn wir einen modernen Verwaltungsapparat haben wollen, muss diese Komplexität in den Behörden auf eine einfache Struktur heruntergebrochen werden. Ministerien aber setzen bislang nur auf mehr Personal und immer mehr Berater.

Man kann beinahe den Eindruck gewinnen, Verwaltung und Regierung erschöpfen sich in immer feiner gesponnener Gesetzgebung und in der Folge in Bedenkenträgerei. Die Erreichung von gesetzlichen Zielen wird bestenfalls zur Nebensache." Deshalb ist er sich sicher: „Das Versprechen der Ampelregierung, 400.000 Wohnungen im Jahr zu bauen, wird scheitern. Es gibt kein Projektteam, das die Taktung der Baugenehmigungen, das Legen der Fundamente, den Innenausbau und die Fertigstellung nach strengen Zeitplänen verfolgt. Man wird sich an dem Ziel dann auch nicht messen lassen wollen und am Ende werden sich schon ausreichend Sündenböcke finden lassen, denen die Zielverfehlung zugeschoben werden kann. Man würde denken, dass der Minister oder die Ministerin den Beamten kommuniziert: ‚Ich möchte in einem Jahr sehen, dass die Fundamente liegen. Im zweiten Jahr müssen die Wohnungen gebaut, im dritten die Installationen fertig sein und im vierten Jahr die Leute einziehen.‘ In der Wirtschaft wäre das so. Aber in einer Verwaltung? Fehlanzeige.“

Ähnlich schwarz sieht er für die Energiewende: „Selbstverständlich wird die Energiewende die gesteckten Ziele nicht erreichen. Nicht nur wegen Putin, sondern schon allein deshalb, weil Regierung und Verwaltung mangels Nutzung moderner Datenstrategien und Datentechnik den Überblick über die immer komplexere Energiewirtschaft verlieren. Wer auf der Basis der Verwaltung des 20. Jahrhunderts eine beispiellose Energiewende meistern will, wird unvorstellbare Geldverschwendung produzieren.“

Sein schonungsloses Fazit: „Wir beantworten die Herausforderung von wachsender Komplexität damit, dass wir immer mehr Leute beschäftigen, die Altes können und wenig Neues, die zum Beispiel nicht in der Lage sind, IT sinnvoll einzusetzen, weil es ihnen an der entsprechenden Ausbildung und an Wissen fehlt. Beamte vergeuden Unmengen an Zeit, wenn sie Eingaben oder Anfragen von Leuten beantworten, von denen sie nicht mal wissen, ob es den Menschen wirklich gibt oder ob es sich um eine Fake-Personalie handelt. Diese Zeit könnte gespart werden, wenn nicht die Verwaltung Anträge bearbeiten würde, sondern die Technik. Künstliche Intelligenz müsste schon so weit sein, dass sie Anträge auf Kindergeld oder Coronahilfen bearbeiten könnte. Der traurige Punkt ist: Es wird nicht einmal versucht. Stattdessen werden neue Leute eingestellt."

Ein erster wichtiger Schritt auf dem Weg zu einer Reform wäre für meinen Gesprächspartner ein neues Verständnis von der Tätigkeit des öffentlichen Dienstes. „Dienstrechtlich sollte überlegt werden, die Gehaltsstrukturen im öffentlichen Dienst an messbare Leistung zu knüpfen, z. B. die Durchführung von Aufträgen im festgelegten Zeitrahmen und mit den vorgesehenen Mitteln."

Ein Land erstickt an sich selbst

Ich will abschließend noch auf ein weiteres Phänomen eingehen: die stete Aufblähung der Ministerien. Dafür habe ich mir die Vermehrung der Beauftragten genauer angeschaut. Damit meine ich nicht nur die Beauftragten und Koordinatoren der Bundesregierung, sondern auch jene Beamte innerhalb der Ministerien, die den Titel „Beauftragter" führen dürfen, weil sie ganz speziellen Aufgaben nachgehen. Ihre Tätigkeit führt zwar, um das Bild des Straßenverkehrs zu bemühen, nicht zu Unfällen, aber dazu, dass mehr Beamte auf der Kreuzung stehen und den Verkehr aufhalten. Aber der Reihe nach.

Lassen Sie mich zunächst einen Blick auf „die Beauftragten der Bundesregierung, der Bundesbeauftragten sowie der Koordinatoren/Koordinatorinnen der Bundesregierung nach § 21

Abs. 3 Gemeinsame Geschäftsordnung der Bundesministerien (GGO)" werfen. Ihre Zahl steigt kontinuierlich, die Ampelkoalition hat sie weiter erhöht, nämlich auf 42. Zum Vergleich: 2008 waren es noch 32.

Im Koalitionsvertrag von SPD, Grünen und FDP werden „eine Meereskoordination unter Leitung eines Meeresbeauftragten" sowie „eine unabhängige Polizeibeauftragte bzw. ein unabhängiger Polizeibeauftragter für die Polizeien des Bundes" angekündigt. Weiter wird erklärt: „Wir schaffen das Amt einer oder eines Tierschutzbeauftragten." Und dann noch: „Wir setzen eine Anti-Rassismus-Beauftragte bzw. einen Anti-Rassismus-Beauftragten ein."

Mehr Personal wird immer als Stärkung verkauft: „Den Antisemitismus-Beauftragten werden wir strukturell stärken." Oder auch: „Das Amt des/der Beauftragten der Bundesregierung für Menschenrechtspolitik und Humanitäre Hilfe werden wir aufwerten und mit mehr Personal ausstatten." Mit jeder Installierung eines neuen Beauftragten hängt also eine Ausweitung der Stellen und des gesamten Apparates zusammen.

Dass ein Thema wie Antidiskriminierung bedeutend ist – darüber kann es keinen Streit geben. Dass es aber den Beauftragten für die Akzeptanz sexueller und geschlechtlicher Vielfalt, den Beauftragten gegen Antiziganismus sowie die Beauftragte für Migration, Flüchtlinge und Integration gibt, da muss ich ganz einfach die Frage in den Raum werfen: Haben diese Themenfelder nicht alle direkt oder indirekt mit Diskriminierung zu tun? Reicht nicht ein einziger Beauftragter? Aber ich sehe die Schlagzeile schon vor mir, wenn ich eine Zusammenlegung der Posten vorschlagen würde: „Linnemann will beim Kampf gegen Diskriminierung sparen."

Oder genereller gefragt: Braucht es für jedes Problem einen neuen Posten? Welchen Eindruck erweckt Politik, wenn sie den Staatsapparat immer weiter aufbläht, während Bürger zum Sparen angehalten werden? Ein Anfang wäre gemacht, wenn den Bürgern zumindest besser erklärt würde, was diese 42 Beauftragten und Koordinatoren überhaupt genau tun und warum sie wirklich nötig sind.

Bedarf es tatsächlich eines Koordinators – so die offizielle Bezeichnung – für „strategische Auslandsprojekte im Interesse der Bundesrepublik Deutschland"? Dürfen wir nicht hoffen, dass unsere Regierungen jedweder Zusammensetzung immer sämtliche Entscheidungen und Projekte im Interesse des Landes treffen?

Der Posten eines Sonderbeauftragten der Bundesregierung für internationale Klimapolitik kann dagegen sinnvoll sein – zumal Deutschland und Europa beim Schutz der Welt vor der Erderwärmung international mehr Verbündete brauchen. Erstaunlich ist aber hier, dass Außenministerin Annalena Baerbock für diese Position die frühere Greenpeace-Chefin Jennifer Morgan eingestellt hat. Berthold Kohler, *FAZ*-Herausgeber, konstatierte in der *FAZ* vom 9. Februar 2022 ein Messen mit zweierlei Maß: „Weil Jennifer Morgan aus einer Nichtregierungsorganisation kommt, haben auch die Nichtregierungsorganisationen, die sonst überall verdeckten Lobbyismus in der Politik wittern, bei diesem Wechsel zwischen den Lagern keine Bedenken."

Und noch eine Randnotiz: Morgan, eine gebürtige Amerikanerin, war bei der Verkündung von Baerbocks Personalie keine deutsche Staatsbürgerin – wenige Tage später war sie es doch. Nur so konnte sie offiziell das Amt übernehmen. Während Einbürgerungen in der Regel Jahre dauern, ging es bei ihr im Eilverfahren. Denken Sie einmal an das, was Frau Eckel mit ihrem Geschäftsführer erlebt hat. Hier geht es fix, weil eine Ministerin es will, dort wird es zum kostspieligen Drama einer Unternehmerin.

Die meisten Bundesbeauftragten treten öffentlich überhaupt nicht in Erscheinung, andere nur, wenn sie ihren Jahresbericht vorlegen oder bei der Nominierung Widerspruch erfahren, wie im Sommer 2022, als Deutschland über die Ernennung der Publizistin Ferda Ataman zur Bundesbeauftragten für Antidiskriminierung diskutierte. Ihr war identitätspolitischer Aktivismus vorgeworfen worden. Selbst innerhalb der Ampelkoalition lehnten einzelne Abgeordnete der FDP sie ab. Sie bezeichneten sie als „linke Aktivistin" und warfen ihr vor, sie würde Clan-Kriminalität und Islamismus herunterspielen.

Ich muss bekennen, dass ich mir erst bei der Recherche für dieses Buch darüber Gedanken gemacht habe, was es eigentlich genau bedeutet, derartig viele Beauftragte zu haben und ihre Zahl ständig auszuweiten. Auch hier wollte ich mehr wissen und traf weitere Spitzenbeamte des Regierungsapparates.

Sie schilderten mir sehr anschaulich, wie sich Beauftragte der Regierung mit behördeninternen Beauftragten – zum Beispiel für Gleichstellung, IT-Sicherheit oder Brandschutz – gegenseitig im Wege stehen, und vieles nur noch komplizierter machen. Einer sagte mir: „Durch das Beauftragtenwesen entstehen Doppelstrukturen, die sich gegenseitig lahmlegen. Wenn sich drei Beauftragte und fünf Fachabteilungen abstimmen müssen, dann verläuft das nicht reibungslos. Das erschwert ungemein die Prozesse in Ministerien."

Ein Beispiel aus der Praxis, das ich hier nur mit meinen eigenen Worten wiedergeben darf: Ein Ministerium beschließt, mehr auf Nachhaltigkeit zu achten. Also setzt die Spitze des Hauses einen Beauftragten für Nachhaltigkeit ein, der erst einmal mit viel Geld und Neueinstellungen einen eigenen Stab aufbaut und bald merkt, es muss was ganz Neues her: EMAS! Hinter dem Kürzel verbirgt sich das „Gemeinschaftssystem für Umweltmanagement und Umweltbetriebsprüfung" (Eco-Management and Audit Scheme).

Wochen später stellt der Beauftragte fest: „Wir brauchen einen Leitfaden für mehr Nachhaltigkeit. Wer macht das?" Selbst sieht er sich dazu nicht in der Lage, er will sichergehen, er will nichts falsch machen. Die Wahl fällt auf eine nachgeordnete Behörde, die den Leitfaden erstellen soll. Ergebnis: „Ein Buch, so dick wie die Heilige Schrift, aber lange nicht so lesenswert", so einer meiner Gesprächspartner. Für den Beauftragten ist das Ergebnis klar: „So müsst ihr das machen!"

Der Leitfaden ist unverständlich und in vielen Bereichen praktisch gar nicht umsetzbar, da er von Leuten geschrieben worden ist, die das Ministerium nicht von innen kennen. Nun melden sich andere Beauftragte zu Wort und erklären, dass verschiedene Aspekte noch zusätzlich beachtet werden müssen. Dann tritt ein Bundesbeauftragter der Regierung auf den Plan und erklärt, dass dieses und jenes nicht zum neuen Nachhaltigkeitskonzept der Bundesregierung passt, das den jüngsten Vorgaben aus Brüssel entspricht. So gehen Wochen und Monate ins Land. EMAS ist nach meinem Wissen im Regierungsapparat noch nicht umgesetzt worden.

„Das mag grotesk klingen, aber genauso läuft es", bestätigt mir ein Spitzenbeamter. Vieles, so höre ich aus den Ministerien, wird verkompliziert, weniger funktioniert. Vor allem wird vieles neu geschaffen, ohne neu und überhaupt nötig zu sein. Einer, der es wissen muss, bringt es auf den Punkt: „Ein Ministerium braucht keinen Nachhaltigkeitsbeauftragten, das macht die zuständige Referatsleitung für den Inneren Dienst einwandfrei, die existiert seit 100 Jahren und hat schon ganz andere Sachen gemeistert. Aber der politische Wille verlangt nach einem Beauftragten. Der wird installiert, danach folgen Budget, Stellen und ein Apparat."

Bei dieser Beschreibung staatlicher Dysfunktionalität fragten sich einige meiner Gesprächspartner, wer eigentlich all die Beauftragten steuert und garantiert, dass diese Leute, gerade wenn sie keine Regierungserfahrung haben, effizient mit dem Ministeriumsapparat zusammenarbeiten. „Es ist doch klar", so ein Insider, „dass das immer wieder zu absurden Situationen führt. Es werden Papiere ohne Ende geschrieben und engagierte Beamte sind frustriert. Die werden richtig gaga, weil es nicht weitergeht, Probleme nicht gelöst, sondern immer nur neu beschrieben werden. Von den Kosten will ich gar nicht erst reden."

Im Mai 2018 antwortete das Innenministerium für die Bundesregierung auf eine parlamentarische Anfrage der FDP, warum die Beauftragten nötig seien. Darin hieß es: „Aufbau und Abläufe innerhalb der Bundesverwaltung werden beständig angepasst, um eine bestmögliche Erfüllung sich wandelnder Aufgaben zu gewährleisten. In diesem Rahmen erfüllen die Beauftragten, Sonderbeauftragten und Koordinatoren wichtige Funktionen."

Mit der Formulierung lassen sich bestimmt noch mehr Beauftragte rechtfertigen. Ich verstehe jeden Bürger, der nur noch den Kopf schüttelt. Wie können Politiker den Bürgern Einschnitte zumuten, wenn sie selbst die eigenen Beamtenapparate immer weiter vergrößern?

Ein ehemaliger Spitzenbeamter brachte es auf den Punkt: „Das ist die täglich geübte Absurdität in einem Land, das an sich selbst erstickt." Rums!

Kapitel 3
Eine bequeme Partei:
Die CDU in der Komfortzone

Den 26. September 2021 werde ich nie vergessen. Es stand die Wahl zum 20. Deutschen Bundestag an. Mit engen politischen Wegbegleitern saß ich bei mir zu Hause in Paderborn vor dem Fernseher und sah um 18 Uhr die ersten Prognosen. Der rote Balken schoss Richtung Zimmerdecke, der schwarze stürzte ab. Wenn ich ehrlich bin, hatte ich bereits in den Tagen vor der Wahl schon ein mulmiges Bauchgefühl. Die Stimmung an den Wahlkampfständen war miserabel.

Gegen 19 Uhr gingen wir dann ins Paderborner Brauhaus, wo die Wahlparty der Partei stattfand. Die Stimmung war am Boden. Natürlich fließt an solchen Abenden immer viel Bier. Es ging ein bisschen zu wie nach einem verlorenen Finale einer Fußballweltmeisterschaft, wo auch jeder sofort die Ursache für die Niederlage parat hat. Das ist menschlich, aber so kurz nach einem verlorenen Spiel findet man nie die wahren Gründe.

Es sollte zwar noch ein knappes Rennen zwischen Union und SPD werden, doch am späten Abend war für mich klar, wir müssen das Kanzleramt räumen. Auf der Wahlkampfparty haben wir dann die Musik laut gestellt und deutsche Schlager gespielt. Wir wollten uns den tollen Wahlkampf, den wir in meiner Heimat geführt hatten, nicht ganz verderben lassen.

Mit etwas Abstand kann man dieses Wahlergebnis eigentlich in einem Satz zusammenfassen: Es wurde nicht die Ampel ins Amt gewählt, sondern wir wurden abgewählt. Die SPD hatte sich im Wahlkampf strategisch clever positioniert und uns in die Ecke „16 Jahre sind genug" gestellt. Dabei war die SPD 12 Jahre lang mit am Ruder und hat vieles von dem blockiert, was wir Gutes für Deutschland vorhatten. Aber natürlich ist das nur die halbe Wahrheit. Das Problem lag auch bei der CDU selbst.

Kurz nach der Wahl haben der damalige Parteivorsitzende Armin Laschet und sein Generalsekretär Paul Ziemiak den einzig richtigen Schluss gezogen und eine umfassende Analyse auf den Weg gebracht. Auf über 60 Seiten listet diese Analyse schonungslos die Fehler der CDU auf. Angefangen mit der Feststellung, dass der Partei „ein spezifisches, programmatisches Alleinstellungsmerkmal abhandengekommen ist" bis hin zu der Erkenntnis, dass die „Strategie der asymmetrischen Demobilisierung" in eine „machtpolitische Sackgasse" geführt hat. Zudem wird in dem Text die fehlende Geschlossenheit zwischen CDU und CSU kritisiert, die bereits mit der Benennung des gemeinsamen Kanzlerkandidaten begann.

Die Analyse trifft meines Erachtens voll ins Schwarze. Und ich kann vieles davon aus eigener Anschauung und eigenem Erleben bestätigen, mit Leben füllen und ergänzen.

„Es läuft ja"

Immer wenn ich mit Freunden und Bekannten politisch ins Gespräch komme, ertappe ich mich dabei, dass ich von „früher" schwärme. Diese Zeit, als es noch kein iPhone, kein Amazon und kein Twitter gab. Damals haben sich die Menschen ausschließlich persönlich ausgetauscht. Kriege waren weit weg und Nachbarn halfen sich gegenseitig im Garten. Da lebte man noch mit der Oma unter einem Dach und musste spätestens, wenn 18 Uhr die Kirchglocken läuteten, vom Sportplatz nach Hause kommen. Samstags ging man zur Abendmesse und im Anschluss saß die gesamte Familie vor dem Fernseher und schaute „Wetten, dass ..?". So war das damals jedenfalls bei uns.

Mit etwas Abstand komme ich heute zu dem Schluss, dass die zwei Dekaden nach dem Mauerfall und der Wiedervereinigung eine Ausnahmezeit waren. Viele dachten, dass alles ein für alle Mal geklärt sei. Vom Ende der Geschichte war sogar die Rede. Fortan würde alles im Autopiloten funktionieren, weil die Systemfragen zugunsten der freiheitlichen Demokratie beantwortet schienen. Jetzt käme es nur noch auf Prozessoptimierung an und alles andere laufe von allein. Wenn man ehrlich ist, wurde so auch viele Jahre regiert.

Und wir haben ja auch alle mitgemacht. Wir haben uns in einer Komfortzone nach dem Motto „es läuft ja" eingerichtet und sind zu einer Selbstverwirklichungsgesellschaft mutiert. Auf einmal konnten wir nahezu pausenlos und unbedacht Dinge bei Internet-Konzernen bestellen, die bei Nichtgefallen problemlos wieder zurückgeschickt werden konnten. Mit der gleichen Mentalität wurden beim Staat immer wieder neue Leistungen und Rechte eingefordert. Und der Staat lieferte.

Ein Ergebnis: Der Sozialstaat wurde mehr und mehr aus-
geweitet, wir haben mehr und mehr von der Substanz gelebt.
Denn das war bequemer. Für alle. Für die Politiker, die bei der
nächsten Wahl wiedergewählt werden wollten, aber auch für
die Bürger, die sich inzwischen daran gewöhnt hatten, dass ihnen der Staat immer wieder neue Programme wie die Rente mit
63 oder die Mütterrente verspricht und liefert.

Selbst als ab Ende der Nullerjahre die Erschütterungen der
Weltfinanz- und Eurokrise, der Migrationskrise und der Pandemie kamen und die Zweifel sich verstärkten, änderte sich an
den Grundlagen so gut wie nichts. Die Schuldenstände stiegen, das Tagesgeschäft bestimmte das Handeln. Die Effizienz
des Regierens wurde daher auch immer geringer, vor allem in
den letzten Jahren der Großen Koalition, weil die Gemeinsamkeiten von Union und SPD längst aufgebraucht waren und weil
man sich an die Kernfragen nicht mehr herantraute. Schließlich können Strukturreformen unbequem sein, denn sie fordern
auch den Bürgern etwas ab.

Olaf Scholz machte dann im Bundestagswahlkampf da weiter, wo die Große Koalition aufgehört hatte. Er versprach den
Menschen ein „Weiter so" – ohne Zumutungen. Meine Partei –
die Union – konnte dem nicht viel entgegensetzen. Im Gegenteil: Klare, konkrete Positionen fehlten.

Fehlendes Profil

Ein Blick weiter zurück: Bei der Bundestagswahl 2013 errang
ich in meinem Wahlkreis mein bis heute bestes Erststimmenergebnis. Ich kratzte an der 60-Prozent-Marke. Die Union kam

bundesweit auf über 40 Prozent, so viel wie seit rund 20 Jahren nicht mehr. Dabei glänzte meine Partei vor allem mit einem Argument – und das hieß Angela Merkel. Die Bundeskanzlerin genoss weit über die eigenen Parteigrenzen hinweg große Anerkennung für ihre Arbeit und war im In- wie im Ausland für ihren unprätentiösen Politikstil sehr beliebt. Ihre Stärke war die Stärke der Union. Irgendwann jedoch kippte die Stimmung. Die Union rutschte in den kommenden acht Jahren auf rund 24 Prozent ab – ein Minus von fast 18 Prozentpunkten. Wie konnte es zu diesem Erdrutsch kommen?

Wie so oft im Leben gibt es sicherlich auch hier mehrere Gründe, die ineinandergreifen und diese Entwicklung befeuert haben. Zwei davon erachte ich als zentral. Der erste Grund: Wohlfühlstimmung statt Inhalte. Er lässt sich exemplarisch an dem schon legendär gewordenen Satz „Sie kennen mich" festmachen. Diesen Satz ließ Angela Merkel im September 2013 am Ende eines TV-Duells mit dem Spitzenkandidaten der SPD, Peer Steinbrück, fallen.

Während ihr Gegner im Kampf um das Kanzleramt mit konkreten Thesen und Themen angriff, gelang es der Bundeskanzlerin und Spitzenkandidatin der Union, mit den oben genannten drei Wörtern die Zuhörer für sich einzunehmen. Ein ähnliches Kunststück gelang der Union vier Jahre später, als sie mit dem Slogan „Für ein Deutschland, in dem wir gut und gerne leben" in den Bundestagswahlkampf zog. Das Bild von einer vertrauten Kanzlerin und Deutschland als Wohlfühlort reichte für den Wahlsieg aus. Inhalte und Positionen verloren an Bedeutung. Das fiel uns dann irgendwann auf die Füße.

Der zweite Grund: die Strategie der asymmetrischen Demobilisierung. Dabei werden kontroverse Themen, die dem politischen Gegner nützen könnten, gemieden. Man setzt also darauf, dass potenzielle Wähler anderer Parteien zu Nichtwählern werden. Pointierte Kontrapunkte zu Reizthemen, etwa ein späterer Renteneinstieg oder mehr Eigenverantwortung im Gesundheitssystem, werden dann nicht angegangen. Hieraus folgt Profilverlust.

Um nicht falsch verstanden zu werden: Auch ich habe persönlich wie viele meiner Kolleginnen und Kollegen von dieser Strategie profitiert – ob gewollt oder ungewollt. Das will und kann ich gar nicht bestreiten. Auch ich habe diese Strategie im Jahr 2013 nicht moniert, als ich mein bestes Erststimmenergebnis errang. Aber zur ehrlichen Rückschau gehört auch die Feststellung, dass wir uns in der CDU mit dieser Strategie langfristig geschadet haben.

Zu oft haben wir unsere inhaltlichen Ecken und Kanten schon selbst ohne Reibung am politischen Gegner abgeschliffen. Zu oft haben wir in der Fraktion und der Regierung nicht weiterverfolgt, wofür die Mehrheit der Delegierten auf Parteitagen gestimmt hatte.

Beispiel Doppelpass. Der Koalitionsvertrag mit der SPD von 2013 enthielt dazu folgenden Passus: „Für in Deutschland geborene und aufgewachsene Kinder ausländischer Eltern entfällt in Zukunft der Optionszwang und die Mehrstaatlichkeit wird akzeptiert. Im Übrigen bleibt es beim geltenden Staatsangehörigkeitsrecht." Der Optionszwang, also die Verpflichtung, sich für eine Staatsbürgerschaft zu entscheiden, wurde von der Großen Koalition also abgeschafft.

Allerdings entsprach dieser sogenannte Doppelpass keineswegs der Linie der Union. Und auch, wenn man als Koalitionspartner beim Aushandeln von Koalitionsverträgen Kompromisse eingehen und Kröten schlucken muss, heißt das noch lange nicht, dass man als Partei nicht mehr zu seinen Überzeugungen stehen und seine eigene Position hochhalten darf.

Die Junge Union und die Mittelstandsunion, deren Vorsitzender ich zu jener Zeit noch war, legten also auf dem Bundesparteitag 2016 in Essen einen Antrag vor, der die Optionspflicht wieder einführen und damit den Doppelpass abschaffen wollte. Bei der anschließenden Debatte ging unter anderem auch Jens Spahn als Präsidiumsmitglied der CDU auf die Bühne. Er betonte, dass eine Regierung natürlich Kompromisse machen müsse, „aber wir sind hier auf einem Parteitag". Mit dieser Rede traf er bei den Delegierten einen Nerv. Ergebnis: Der Antrag gegen die doppelte Staatsangehörigkeit wurde mit knapper Mehrheit von den Parteitagsdelegierten angenommen.

Noch auf dem Rückweg vom Parteitag erhielt ich eine SMS: „Carsten, guck mal hier, die Kanzlerin hat's schon abgeräumt." Der Parteitag war kaum beendet, die Delegierten befanden sich noch auf dem Weg nach Hause und schon wurde einer ihrer Beschlüsse von der Kanzlerin, die auch Parteivorsitzende war, praktisch wieder einkassiert. Was war passiert? Angela Merkel war, während sich langsam der Saal leerte, vor die Fernsehkameras und Mikrofone getreten und hatte in einem Interview klargemacht, dass sie den Beschluss für falsch halte und er im Regierungshandeln keine Rolle spielen werde.

Ich kann mich erinnern, wie auf meinem Handy nacheinander empörte Nachrichten eingingen. Viele Parteimitglieder hatten den Parteitag am Bildschirm von zu Hause aus verfolgt und sich von der Rede Spahns mitreißen lassen. Allen war bei der vorhergehenden Abstimmung klar gewesen, dass der Koalitionsvertrag weiterhin Bestand haben würde. Und gleichzeitig wollte die Partei jedoch ihren Markenkern wieder sehen und sich mit ihren Überzeugungen zeigen. Das Abwiegeln der Kanzlerin wirkte intern wie Gift. Viele Stammwähler waren verärgert, einige wurden heimatlos.

Kurzum: Mit der Strategie der asymmetrischen Demobilisierung haben wir zusehends an inhaltlichem Profil verloren. Wir haben damit nicht nur uns selbst geschadet, sondern auch anderen Parteien am Rande des politischen Spektrums zum Aufstieg verholfen.

Wir lernen derzeit in vielen Ländern der Erde: Wenn Menschen nicht mehr wissen, wofür eine Partei steht, entsteht Orientierungslosigkeit und die politischen, oft polemisierenden Ränder gewinnen, obwohl sie häufig unsere Werte mit Füßen treten und der Komplexität unserer Herausforderungen nicht gerecht werden. Das schadet nicht nur den Parteien der Mitte, sondern unserer gesamten demokratischen Gesellschaft.

Fehlende Geschlossenheit

Jedes Mal, wenn in Berlin die parlamentarische Sommerpause beginnt, schalten viele Medien auf sogenannte Sommerinterviews um. Dabei handelt es sich um längere Interviews, in denen nahezu alle Themen angesprochen werden, die relevant erscheinen. So war es auch 2019, als ich mich der *Rheinischen Post* für ein solches Interview zur Verfügung stellte.

Der damalige Chefredakteur Michael Bröcker führte das Gespräch. Es ging kreuz und quer, ein bunter Blumenstrauß an Themen, auch zur Bildungspolitik. Im Verlauf des Gesprächs betonte ich, dass es für mich wichtig sei, dass Kinder, die eingeschult werden, die deutsche Sprache ausreichend beherrschen sollten. Für mich war das eine Selbstverständlichkeit. Deshalb forderte ich die Einführung von Sprachtests für Kinder im Vorschulalter. Alle Kinder, die die Anforderungen nicht erfüllen, sollten zum Besuch einer Vorschule verpflichtet werden. Die besondere Förderung für junge Kinder war mir schon immer sehr wichtig. So gab ich kurze Zeit später dieses Interview zur Veröffentlichung frei. Es war August und ich startete zu einem Kurztrip mit Freunden nach Italien.

Irgendwo zwischen Verona und Siena rief mich eine Mitarbeiterin aus meinem Bundestagsbüro an: „Carsten, du läufst hier über die Ticker, und zwar sehr prominent. Da braut sich was zusammen." Und richtig, laut *dpa*-Meldung hatte ich angeblich ein Grundschulverbot für Kinder gefordert, die nicht genügend Deutsch sprechen. Die ersten kritischen Stellungnahmen dazu waren auch schon nachzulesen. Bei Twitter ging es bereits hoch her. Was mich besonders verstörte: Nicht wenige dieser kritischen öffentlichen Kommentare stammten aus der eigenen Partei. Da kamen harte Rügen wie „populistischer Unfug" oder auch die Zurechtweisung, dass es an der Schulpflicht nichts zu rütteln gebe. Eins war jedenfalls für mich sofort offensichtlich: Keiner von denen, die so harsche Kritik übten, hatte mein Interview gelesen. Sie alle reagierten nur auf die Überschrift der *dpa*-Meldung: „Linnemann fordert Grundschulverbot".

Natürlich wollte ich das schnell richtigstellen. Ich hatte gleich mehrere Medienanfragen und entschied mich, dem ZDF ein Interview zu geben. Wir hielten in Florenz. Wie sich herausstellte, konnten die Journalisten, die mich dort im Auftrag des ZDF erwarteten, weder Deutsch noch Englisch. Und ich kein Italienisch. Aber irgendwie gelang es uns dann doch noch, einen O-Ton aufzunehmen, in dem ich klarstellte, dass es mir nicht um ein Grundschulverbot geht, sondern um eine bessere Förderung der Kinder, die kein Deutsch verstehen oder sprechen können. Ich war erleichtert. Ich dachte, damit sei das Thema durch.

Das Gefühl der Erleichterung war nicht von langer Dauer. Als ich am nächsten Morgen auf mein Handy schaute, wurde ich von Kurznachrichten geradezu erschlagen. Denn jetzt bog das Thema „Grundschulpflicht" in die nächste scharfe Kurve ein. Nicht nur, dass dieser Begriff weiter durch die Presse geisterte, nein, er wurde eng mit einem Ereignis in Beziehung gesetzt, das wenige Tage zuvor am Frankfurter Hauptbahnhof stattgefunden hatte. Ein Asylbewerber hatte ein Kind auf die Gleise gestoßen, das bei dieser Attacke starb. Mir wurde unterstellt, ich hätte zwischen diesem schrecklichen Vorfall und dem „Grundschulverbot" einen Zusammenhang konstruiert. Ich brauchte eine Weile, um überhaupt nachzuvollziehen, was mir da unterstellt wurde.

Nun beschimpften mich in Deutschland viele als Rassisten. Das hat mich wirklich getroffen. Nichts davon hatte mit dem zu tun, wie ich mich sehe und worum es mir eigentlich ging. Im Gegenteil: Ich erlebe mich als sehr offen. Ich habe wenig Berührungsängste, habe im Ausland gelebt und bin viel gereist. Meine Stiftung LEBENSlauf setzt sich nicht zuletzt auch für Kinder mit Migrationshintergrund ein.

Am Nachmittag meldete sich der Chefredakteur Michael Bröcker: „Herr Linnemann, mit dem Grundschulverbot, da würde ich noch einmal eine Klarstellung vornehmen. So haben Sie das ja nicht im Interview gemeint." Ich gab ihm Recht, griff zum Hörer und rief die *dpa* an. Sie baten mich sofort für ihren redaktionellen Fehler um Entschuldigung und gaben mir die Möglichkeit, den Sachverhalt per Tickermeldung klarzustellen.

Tatsächlich haben sich am Ende auch einige der Kritiker bei mir entschuldigt. Unter anderem Katja Suding, damals die bildungspolitische Sprecherin der FDP-Bundestagsfraktion. Die Kritiker aus den Reihen der eigenen Partei blieben eher stumm.

Meine Forderung nach verbindlichen Sprachtests und Vorschulpflicht wurde übrigens ein paar Monate später auf dem CDU-Bundesparteitag in Leipzig einmütig von den Delegierten beschlossen, auch von denjenigen, die mich zuvor öffentlich kritisiert hatten.

Fehlende Debattenkultur

Bundesparteitage sind die Hochämter der Parteien. Sie sind das höchste Gremium. Hier werden alle relevanten Beschlüsse, inhaltliche wie personelle Entscheidungen getroffen. Auf Bundesparteitagen wird leidenschaftlich debattiert und sachorientiert gestritten. Jedenfalls, wenn es gut läuft. Denn auch die Bundesparteitage der CDU haben sich in den letzten Jahren verändert. Anstatt kontroverse Debatten zu führen, wurden strittige Themen häufig schon vor dem Parteitag abgeräumt. In der Regel fand dies immer am Rande der vorabendlichen Bundesvorstandssitzung statt. Auf diese Weise sollten heikle Themen möglichst gar nicht mehr auf dem Parteitag auftauchen. Ein großer Fehler, glaube ich. Denn nur durch den lebendigen und auch öffentlich wahrgenommenen Austausch von Argumenten lebt eine Partei und entwickelt sich weiter.

Wie es genau nicht geht, habe ich bereits auf dem Bundesparteitag 2014 in Köln gelernt. Stichwort kalte Progression.

Kalte Progression ist eine „heimliche" Steuererhöhung. Der
frühere Sozialminister Norbert Blüm sprach einmal vom „Ta-
schendieb des kleinen Mannes". Gerade in Zeiten hoher Inflation wirkt die kalte Progression für den Steuerzahler fatal.
Denn wenn der Staat die Einkommenssteuersätze nicht an die
Teuerungsraten anpasst, entsteht eine Steuermehrbelastung für
den Steuerzahler, an der ausschließlich der Staat verdient. Das
wollten wir von der Mittelstandsunion mit einem „Tarif auf Rädern" ändern, also einer regelmäßig automatisch erfolgten Anpassung des Steuertarifs an die Inflation. Wir haben das dann
griffiger „Steuerbremse" genannt.

Uns war auch bewusst, dass dieses Phänomen der kalten
Progression etwas ist, das viele beschäftigt, und wir hatten alle
Argumente auf unserer Seite. Aber wir wussten auch, dass es
im Bundesvorstand nicht unerheblichen Widerstand gegen eine
solche Maßnahme gab. Wolfgang Schäuble war damals Finanzminister und er lehnte den „Tarif auf Rädern" ab, weil er be-
fürchtete, dass damit seine „schwarze Null" in Gefahr geraten
könnte.

Wir mussten deshalb strategisch vorgehen: Als Mittelstandsunion haben wir ein Antragsrecht beim Bundesparteitag. Aber
nicht nur wir, sondern jeder CDU-Kreisverband kann einen
solchen Antrag einreichen. Mit der Jungen Union und später
auch mit der Christlich-Demokratischen Arbeitnehmerschaft
gingen wir den Weg über die Basis: Alle unsere Bezirks-, Lan-
des- und Kreisverbände sollten in ihren CDU-Verbänden einen
gleichlautenden Antrag einbringen mit der Bitte, diesen dann
an den Bundesparteitag zu richten. Am Ende wurden es 70

gleichlautende oder ähnlich lautende Anträge zur Abschaffung der kalten Progression. So etwas hatte es noch nie gegeben. Die Parteiführung war alarmiert und fürchtete eine Abstimmungsniederlage.

Um nun eine solche Niederlage zu vermeiden, wurde vom Bundesvorstand in der laufenden Sitzung einen Tag vor dem Parteitag schnell eine Arbeitsgruppe eingesetzt, die parallel zum Bundesvorstand tagte und einen Kompromiss erarbeitete. Teil eins des Kompromisses war, dass zum nächstmöglichen Zeitpunkt eine Anpassung der Einkommenssteuersätze zur Verringerung der kalten Progression stattfinden sollte. Aber bei der Frage, wie eine dauerhafte Vermeidung der kalten Progression für die Zukunft aussehen könnte, gab es nur den Vorschlag für eine Leerformel: „Die Abschaffung der kalten Progression bleibt eine Daueraufgabe."

Jetzt musste es darum gehen, schnell die Lufthoheit über die Interpretation zu bekommen. Wir, d. h. die Vertreter von Mittelstandsunion und Junger Union, verkündeten deshalb den Journalisten: „Der Vorstand hat beigedreht. Es wird nicht nur jetzt eine einmalige Anpassung geben, sondern auch in Zukunft. Es ist eine Daueraufgabe." Diese Nachricht verbreitete sich wie ein Lauffeuer. Die Schlagzeile lautete: „Kalte Progression wird abgeschafft."

Das war richtig, allerdings nicht automatisch mit einem „Tarif auf Rädern" versehen. Vielmehr war das Bundesfinanzministerium schon bisher per Gesetz dazu verpflichtet, einen Progressionsbericht zu erstellen, der alle zwei Jahre die Auswirkungen der kalten Progression benennt. Neu war allerdings, dass sich die Union nun auch dazu bekannt hat, diesem Bericht Konsequenzen folgen zu lassen und den Tarif tatsächlich anzupassen. Und das ist dann auch seit 2016 regelmäßig so geschehen, nicht aus gesetzlicher Pflicht, sondern aus politischem Druck. Bei den geringen Inflationsraten der Vergangenheit war das in den einzelnen Jahren kaum spürbar, aber in der Summe schon beachtlich. Allerdings, da die Anpassung immer der Teuerungsrate folgt, gibt es eine Verzögerung von etwa einem Jahr. Bei gleichbleibender niedriger Inflationsrate ist das unproblematisch, aber wenn plötzlich die Inflationsrate hochschnellt wie 2022, kommt die steuerliche Entlastung der Lohn- und Einkommenssteuerzahler frühestens im Folgejahr.

Mit dem Eintreten der hohen Inflationszahlen stelle ich mir die Frage, ob ich damals in Köln alles richtig gemacht habe. Im Nachhinein hätten wir die Debatte auf dem Parteitag erzwingen und einen „Tarif auf Rädern", der auch aktuelle Inflationsentwicklungen sofort nachvollzieht, durchsetzen müssen. Das ist für mich eine Lehre. Parteitage sind dazu da, um zu debattieren und Entscheidungen zu treffen. Wenn nicht dort, wo dann?

Die Sorge vor dem Koalitionsbruch

In der Großen Koalition hatte die CDU in meinen Augen zu oft Sorge vor einem Koalitionsbruch. Das führte zu vielen „faulen" Kompromissen. Ein gutes Beispiel ist der Weg zur sogenannten Grundrente.

Im Koalitionsvertrag der Großen Koalition von 2017 stand dazu folgender Passus: „Die Lebensleistung von Menschen, die jahrzehntelang gearbeitet, Kinder erzogen und Angehörige gepflegt haben, soll honoriert und ihnen ein regelmäßiges Alterseinkommen zehn Prozent oberhalb des Grundsicherungsbedarfs zugesichert werden. Die Grundrente gilt für bestehende und zukünftige Grundsicherungsbezieher, die 35 Jahre an Beitragszeiten oder Zeiten der Kindererziehung bzw. Pflegezeiten aufweisen. Voraussetzung für den Bezug der ,Grundrente' ist eine Bedürftigkeitsprüfung entsprechend der Grundsicherung.“

Ich habe diesen Passus noch ganz genau vor Augen, weil ich ihn selbst damals mit Andrea Nahles und anderen Beteiligten ausgehandelt hatte. Bei den Koalitionsverhandlungen war mir ein Punkt besonders wichtig: Die neue Leistung sollte zielgerichtet sein. Es sollten nur diejenigen profitieren, die auch wirklich bedürftig sind. Denn warum sollten die Steuerzahler einen Rentner subventionieren, der über Vermögen oder hohe sonstige Einkünfte verfügt? Warum sollten die Steuerzahler einen Arbeitnehmer subventionieren, der aus freien Stücken nur Teilzeit arbeitet, weil er Eigentümer zweier Mietshäuser ist?

Ich war schon immer überzeugt: Wenn wir uns auf die wirklich Bedürftigen konzentrieren, haben wir deutlich mehr Mittel für sie zur Verfügung, als wenn wir Sozialpolitik mit der „Gießkanne“ machen. Sollte eigentlich logisch sein. Eigentlich.

Mit diesem Punkt im Kopf war ich also in die Verhandlungen gegangen und konnte dabei auch auf ein Konzept zurückgreifen, das schon lange zuvor in einer Arbeitsgruppe der CDU/CSU-Bundestagsfraktion in Zusammenarbeit mit dem Chef des Sozialflügels, Karl-Josef Laumann, erarbeitet worden war. Zentraler Bestandteil dieses Konzepts war eine Bedarfsprüfung. Ein Prüfverfahren, das bereits bei der Grundsicherung im Alter eingesetzt wird und das sicherstellt, dass nur jene Menschen berücksichtigt werden, die tatsächlich Hilfe benötigen. Und genau dieses Prüfverfahren wurde bei der Vereinbarung über die Einführung einer Grundrente im Koalitionsvertrag aufgenommen.

Als es dann aber an die Umsetzung ging, wurde es geradezu grotesk. Hubertus Heil, der als SPD-Arbeitsminister für dieses Vorhaben zuständig war, zauberte ein altes Konzept seiner Partei aus der Schublade, ein Konzept ohne Bedarfsprüfung, jedoch viel bürokratischer. Ein übler Kniff, aber leider auch ein erfolgreicher, nicht zuletzt, weil das Kanzleramt darauf gedrungen hatte, sich hier auf den Koalitionspartner zuzubewegen. Der Koalitionsfriede war offensichtlich wichtiger als das, was in den eigenen Reihen in Abstimmung mit dem Koalitionspartner zuvor beschlossen und für gut und richtig befunden worden war.

In unserer Fraktion war die Meinung dazu gespalten. Einerseits gab es Abgeordnete, die keinen Konflikt mit der SPD und die Gefahr eines Koalitionsbruches riskieren wollten. Damals waberten Gerüchte über unsere Flure, dass die SPD die Koalition vielleicht platzen lassen würde. Auf der anderen Seite standen diejenigen, die wie ich auf dem Standpunkt der Partei und auf dem Koalitionsvertrag beharrten. In unseren Fraktionssitzungen, in denen das Thema Grundrente auf der Tagesordnung stand, gab es sowohl Meldungen für ein Einknicken als auch dagegen.

Am Ende setzte sich die SPD durch. Das ist umso dramatischer, weil die guten Argumente tatsächlich auf unserer Seite waren. Auch die Deutsche Rentenversicherung hatte den Gesetzesentwurf von Hubertus Heil ungewohnt hart als „sozialpolitischen Irrweg" kritisiert. Gundula Roßbach, die Präsidentin der Deutschen Rentenversicherung, hatte gemahnt, dass der Verwaltungsaufwand für die Ermittlung, wer von den mehr als 20 Millionen Rentnern die nötigen Beitragsjahre aufweist, erheblich sei. Sie zweifelte sogar an einer rechtzeitigen Umsetzung und sollte recht behalten. Die Auszahlung verzögerte sich am Ende um viele Monate.

In der Partei und auch bei Unionsanhängern hat dieser Vorgang für erheblichen Frust gesorgt. Immerhin hatte sich zuvor in der heißen Phase der Diskussion mit der SPD noch ein Parteitag für eine Grundrente ausgesprochen, die eine Bedarfsprüfung umfasst. Viele meldeten sich bei mir und meinten: „Was soll denn noch passieren? Ihr habt einen klar und eindeutig ausverhandelten Koalitionsvertrag, ihr habt einen Parteitagsbeschluss und trotzdem macht ihr das, was die SPD will."

Das, was wir aufzugeben bereit waren, ging an den Markenkern der Union: Subsidiarität und Solidarität. Unserer Überzeugung nach sollte die Gemeinschaft erst dann einspringen, wenn jemand nicht aus eigenen Kräften für sich sorgen kann. Dieses Prinzip kam schon bei der Rente mit 63 nicht zum Zuge, was aber parteiintern weniger für Aufregung sorgte, weil wir es als Union im Vorfeld nicht geschafft hatten, unsere Bedingungen dazu in den Koalitionsvertrag hineinzuverhandeln. Aber in diesem Fall war die Situation eine völlig andere. Unsere Bedingungen standen glasklar und für jeden nachlesbar im Koalitionsvertrag. Wir haben unsere Position und den im Vorfeld gefundenen Kompromiss ohne Not selbst aufgekündigt.

Obwohl die Regierung wusste, wie ihre Basis dachte, war es ihr wichtiger, Konflikte in der Regierungskoalition zu vermeiden. Die Sorge vor einem Koalitionsbruch war zu groß. Auch das hat am Ende zur Wahlniederlage beigetragen.

Die Machtverschiebung weg vom Parlament

In Krisenzeiten zeigt sich immer am schonungslosesten, ob Systeme funktionieren – oder nicht. Insofern war die Coronakrise ein erheblicher Stresstest, der leider viele Funktionsstörungen offenlegte. Das gilt nicht nur mit Blick auf fehlende digitale Verfahrensweisen oder undurchschaubare Zuständigkeiten. Auch zwischen Regierung und Bundestag taten sich plötzlich „Funklöcher" auf.

Ob Schausteller, Reisebüroinhaber, Hoteliers, Einzelhändler oder Veranstalter – fast täglich habe ich mit Vertretern aller dieser Branchen in diesen schwierigen Zeiten gesprochen und ich werde die nackte Panik, die bei vielen in der Stimme lag, niemals vergessen. Denn eigentlich sind Unternehmer keine Bittsteller, sie wollen nicht vom Staat abhängig sein. Sie wollen einfach nur ihrer Arbeit nachgehen. Genauso hatten Arbeitnehmer große Sorgen, wie ihre Zukunft aussehen soll, wenn sich ihre Branche andauernd im Lockdown befindet. Das Kurzarbeitergeld konnte die Sorgen nur etwas dämpfen.

Gleichzeitig wurde mir bei den Gesprächen schnell bewusst, wie privilegiert ich als Bundestagsabgeordneter bin und wie unfair in dieser Zeit die Risiken verteilt waren. Als Politiker hatten wir weniger offizielle Termine. Wir konnten weiter mit der Bahncard 100 1. Klasse fahren und hatten unsere Fahrbereitschaft in Berlin. Wir bekamen sicher unsere Diäten. Kurzum, wir konnten mit der Situation viel besser umgehen als andere.

Es gab deshalb auch niemanden im Bundestag, der sich der Idee, Betriebe mit Überbrückungshilfen zu unterstützen, ernsthaft verweigerte. Da ich damals als stellvertretender Fraktionsvorsitzender für den Bereich Wirtschaft, Mittelstand und Tourismus zuständig war, fühlte ich mich auch verantwortlich. Ich gab also alle Hinweise, die ich von den Betrieben erhielt, an das zuständige Bundesministerium weiter. Oder ich schrieb dem Wirtschaftsminister Peter Altmaier gleich direkt eine SMS: „Lieber Peter, rede doch mal bitte mit dem Finanzminister, damit auch die Schausteller eine adäquate Unterstützung bekommen."

Ich weiß noch allzu gut, wie mir die damalige Situation zugesetzt hat. Ich konnte einfach zu wenig direkt agieren, denn der Bundestag war hier nicht weiter eingebunden. Die Umsetzung der Überbrückungshilfen war Exekutivhandeln, darüber wurde nie im Parlament abgestimmt. Wir hatten darauf keinen Einfluss.

Während wir als Bundestagsabgeordnete in dieser Zeit immer bedeutungsloser wurden, gewann ein anderes Gremium zusehends an Macht: die Bund-Länder-Konferenz. Eine Runde, die sich aus den Ministerpräsidenten der Länder und der Bundeskanzlerin zusammensetzte. Eine Runde, die in der Verfassung überhaupt nicht vorgesehen ist. Aber diese Runde wurde zu einem entscheidenden Akteur in der Krise.

So auch Ende Oktober 2020, als die Bund-Länder-Konferenz beschloss, dass „Institutionen und Einrichtungen, die der Freizeitgestaltung zuzuordnen sind" ebenso wie „Gastronomiebetriebe" zu schließen sind. Ich kann mich noch gut an die Eilmeldung erinnern, die am 28. Oktober 2020 auf meinem Handy aufploppte: „Bis zu 75 Prozent! Scholz will ausgefallenen Umsatz ersetzen!" Alle vom Lockdown betroffenen Betriebe wie die Gastronomie sollten bis zu 75 Prozent des durchschnittlichen wöchentlichen Umsatzes des Vorjahresmonats bekommen.

Als ich davon hörte, dachte ich, mich tritt ein Pferd. Ich vermutete zunächst, da wird Umsatz mit Gewinn verwechselt – leider lag ich falsch. Mir war sofort klar, dass es nur eine Frage der Zeit sein würde, bis auch der Einzelhandel und andere Branchen diesen Umsatzausgleich fordern würden. Und mir fehlte jegliche Vorstellungskraft dafür, wie eine Volkswirtschaft das alles finanziell aushalten sollte. Meine Sorge, dass es netto zu Überförderungen kommt, sollte sich später auch bestätigen.

Aber im Bundesfinanzministerium, wo dieser Ansatz ausgetüftelt worden war, hat offenbar niemand weiter darüber nachgedacht, was die sogenannte Novemberhilfe konkret bedeutete. Jedenfalls kamen in den darauffolgenden Tagen Dutzende Anrufe und Schreiben bei mir an: Caterer, die vor allem private Feiern belieferten, Brauereien mit angeschlossener Gastronomie, Bäckereien mit angeschlossenem Café und viele andere scheiterten an den Kriterien oder Schwellenwerten. Andere Branchen wie der Einzelhandel mussten sich erst mal weiter an den Fixkosten orientieren, während etwa auf Fast-Food-Ketten eine Überförderung wartete.

Wie lief es dann weiter? Etwa einen Monat, nachdem ich Peter Altmaier in einer Mail und in einer Telefonkonferenz auf die unausgegorene Umstellung von der Fixkosten- auf die 75-Prozent-Umsatzerstattung angesprochen hatte, habe ich meine Bedenken auch in einer Talkshow geäußert. Markus Lanz hatte mich eingeladen, es war der 2. Dezember 2020. Zu diesem Zeitpunkt wurden die Konsequenzen des Systembruchs immer noch nicht öffentlich diskutiert. Im Gegenteil: Die Novemberhilfe wurde mittlerweile um die Dezemberhilfe ergänzt.

Markus Lanz fragte mich, ob auch eine Firma wie Starbucks, die wegen ihrer Steuersparmodelle in Deutschland bereits mehrfach in der Kritik stand, diese Hilfen vom deutschen Steuerzahler bekomme. In der Sendung bestätigte ich ihm, dass auch ein Unternehmen wie Starbucks Anspruch auf diese Hilfen hat.

Zum Hintergrund: Zu diesem Zeitpunkt hatte die Auszahlung der November- und Dezemberhilfen für große Unternehmen noch gar nicht begonnen, auch konnte ich zu diesem Zeitpunkt nicht wissen, ob Starbucks Hilfen beantragen wird. Ich konnte also nur sagen, dass Starbucks grundsätzlich Anspruch auf diese Hilfen hat – was vollkommen korrekt war. Ich erinnere mich noch, wie Markus Lanz dann sagte: „Herr Linnemann, ich kann kaum glauben, was ich da höre."

Nach der Sendung ging die Diskussion über Starbucks weiter. Allerdings nicht wie von mir erwartet und erhofft über die generelle Sinnhaftigkeit von Umsatz als Bezugsgröße für Zuschussprogramme. Im Gegenteil, mein Statement in der Lanz-Sendung wurde eine Woche nach der Sendung aus der Mediathek genommen und das ZDF begründete die Löschung wie folgt: *„In der Sendung ‚Markus Lanz' vom 2.12.2020 wurde im Gespräch zwischen Markus Lanz und Dr. Carsten Linnemann behauptet, Starbucks Deutschland habe staatliche Hilfen zum Ausgleich wegfallender Umsätze aus den Corona-Programmen der Bundesregierung erhalten. Dies stimmt jedoch nicht. Da wir von Starbucks auf diesen Fehler hingewiesen wurden, haben wir diesen Teil des Gesprächs in der Online-Fassung für die ZDF-Mediathek entfernt."*

Ich hatte wie gesagt nie behauptet, dass Starbucks bereits Hilfen aus den Coronaprogrammen erhalten hatte, sondern nur, dass auch dieses Unternehmen anspruchsberechtigt war. Dass die Redaktion von Markus Lanz hier in keinen Rechtsstreit eintreten wollte und deshalb die Klarstellung von Starbucks veröffentlicht hat, kann ich sehr gut verstehen. Aber die verdrehte Meldung war in der Welt und ich hatte Mühe, alles wieder richtigzustellen.

Was mich aber vielmehr wurmt: Bei Markus Lanz saß auch die damalige stellvertretende Redaktionsleiterin des Parlamentsbüros der *Süddeutschen Zeitung*, Cerstin Gammelin. Sie teilte meine Kritik an dem Prinzip der Umsatzerstattung, mokierte sich aber, dass ich mit dieser Kritik nicht eher an die Öffentlichkeit gegangen war. Die Frage aber, warum die *Süddeutsche Zeitung* nicht über die Sinnhaftigkeit einer 75-prozentigen Umsatzerstattung berichtet hatte, habe ich leider verpasst zu stellen. Übrigens: Später habe ich erfahren, dass Starbucks die Hilfen tatsächlich beantragt und auch erhalten hat.

Man kann aus dieser Zeit einen Punkt auf jeden Fall festhalten: Unsere staatlichen und politischen Strukturen sind nur begrenzt dazu in der Lage, schnelle, transparente und gleichzeitig gut durchdachte Lösungen zu finden. Gleichzeitig fehlt es an einer Kontrolle, wie sie normalerweise auch vom Bundestag ausgeübt wird. Natürlich ist es in Ordnung, wenn man der Exekutive in einer Notsituation viel Raum zum Handeln lässt. Aber das darf nur für wenige Wochen gelten, nicht für anderthalb Jahre. Das Parlament ist nicht nur für die Demokratietheorie da.

Abgeordnete, egal ob auf Bundes- oder Landesebene, haben in der Regel einen engen Kontakt zu den Bürgern in ihren Wahlkreisen. Viel mehr, als ein Minister oder auch ein Ministerialbeamter überhaupt haben kann. Das müssen wir nutzen. Ansonsten entsteht eine Distanz zwischen Regierung und Bürgern, die auch über engagierte Abgeordnete nicht mehr zu überbrücken ist. Dass die Bürger zuweilen nicht mehr wussten, welche Maßnahmen in welchen Bundesländern galten, war nur ein Nebeneffekt. Schlimmer war der damit einhergehende Vertrauensverlust. Bis heute ist das alles nicht aufgearbeitet worden.

Vieles von dem, was in den Jahren zuvor schiefgelaufen und versäumt wurde, fiel uns als Union bei der Bundestagswahl 2021 auf die Füße – ob gerechtfertigt oder nicht. Nie zuvor in der Geschichte der Union hatten wir ein schlechteres Ergebnis eingefahren: Im Osten verloren wir fast die Hälfte aller Mandate. Und in einigen Bundesländern gibt es seitdem keinen direkt gewählten CDU-Abgeordneten mehr. Wir waren nicht nur bei den jungen Wählern weit abgeschlagen, sondern waren auch erstmals nicht mehr Spitzenreiterin bei der Generation ab 60.

Das geht tief ins Mark und es zeigt, dass die Gründe für den Absturz komplexer sind, als es die damaligen Diskussionen um den Kanzlerkandidaten vermuten lassen. Ich habe einige Entwicklungen, die zu diesem desaströsen Wahlergebnis führten, in diesem Kapitel beschrieben.

Welche Schlüsse kann man nun ziehen? Was die Union braucht, ist erstens eine Debattenkultur, bei der sachliche Auseinandersetzung nicht als Majestätsbeleidigung diskreditiert wird. Sie braucht zweitens Geschlossenheit, wenn man zu einem Ergebnis gekommen ist. Und sie braucht drittens Köpfe, die für Themen stehen. Schließlich braucht die Union wieder ein klares Profil, damit sie für etwas begeistern und die Debatten in diesem Land prägen kann.

Es geht um viel. Denn sollte die Union nicht auf den richtigen Pfad kommen, geht Deutschland den gleichen Weg, den Italien und viele andere europäische Länder bereits beschreiten: Erst nehmen die gesellschaftlichen Spannungen zu, dann erstarken die politischen Ränder, aus Volksparteien werden Splitterparteien. Eine solche Entwicklung birgt erhebliche Risiken für die Demokratie. Sie droht, instabil zu werden. So weit darf es nicht kommen.

Kapitel 4
Einfach mal machen:
15 Ideen für den großen Wurf

Wer meckert, der muss auch sagen, wie es besser gehen könnte. Dabei nehme ich für mich nicht in Anspruch, dass ich es besser weiß. Politik bedeutet nur in seltenen Fällen wirkliche Gewissheit. Mir geht es darum, dass wir in Deutschland „einfach mal wieder machen" und diese lähmende Angst überwinden, wir könnten an unseren Fehlern scheitern. Deshalb stelle ich einige Ideen hier „einfach mal" zur Diskussion, natürlich ohne Anspruch auf Vollständigkeit.

Ich wünsche mir eine Streitkultur, in der wir solche Vorschläge wieder vernünftig miteinander diskutieren können. Wie ich mir diese Streitkultur vorstelle, dazu schreibe ich am Ende dieses Kapitels einige Gedanken auf.

15 Punkte, die ich ab morgen umsetzen würde:

Föderalismusreform von unten: Pilotregionen einführen

Die Interviewpartner in Kapitel 2 haben eindrucksvoll deutlich gemacht, dass es vor allem die Strukturen sind, die uns in Deutschland lähmen. Ein überbordender Staatsapparat, der engmaschig reguliert und detailliert vorschreibt, macht träge und erstickt jeden Impuls, etwas auszuprobieren, im Keim. Oder anders ausgedrückt: Uns ist in Deutschland die „Einfach mal machen"-Mentalität abhandengekommen. Statt mutig neue Wege zu probieren, verstecken wir uns hinter Paragrafen und Gesetzen. Und will man unter diesen Paragrafen und Gesetzen etwas ausmisten, gibt es sofort ein „Wenn" und ein „Aber" und am Ende nicht weniger, sondern mehr Bürokratie. Und Verantwortung? Die will sowieso kaum noch jemand übernehmen – egal wo man sich umschaut.

In Sonntagsreden sind immer alle Politiker – egal welcher politischen Couleur – für Bürokratieabbau und für effizientere Strukturen. Aber wenn es konkret wird, finden Bedenkenträger immer tausend gute Gründe, warum etwas nicht geht. Das hat ein solches Ausmaß angenommen, dass es nicht mehr nur für die Bürger oder Mittelständler ein Ärgernis ist – nein, es bedroht die Zukunftsfähigkeit unseres gesamten Landes.

Dabei hat gerade die Coronakrise gezeigt, dass es anders gehen kann. Rostock ist das beste Beispiel. Wie schon erwähnt: Der damalige Oberbürgermeister von Rostock und heutige Wirtschaftsminister Schleswig-Holsteins war mutig. Als die Einzelhändler dicht machten, suchte Claus Ruhe Madsen nach neuen Wegen und führte „Click & Meet" ein.

Der Erfolg gab ihm recht. Von allen Seiten gab es Applaus. Und in einem Interview war kurz darauf nachzulesen, was nicht Herrn Madsen, sondern unseren Staat beschämen müsste: Für die erfolgreiche Coronastrategie habe er es mit den Vorschriften nicht so eng nehmen dürfen. Und auf die Frage, welche er genau meine, antwortete er: „Ich will ja nicht direkt ins Gefängnis."

Mein Vorschlag: Warum übertragen wir nicht einfach einen pragmatischen Ansatz auch auf andere Bereiche unseres gesellschaftlichen und wirtschaftlichen Lebens? Lasst uns Pilotregionen schaffen, in denen Vorschriften beherzt aufgehoben werden. Und dann schauen wir nach einem Jahr, wie es gelaufen ist. Wenn es zu massivem Missbrauch und Schäden führt, kann man ja Vorschriften wieder einführen. Aber ich vermute, in den meisten Fällen wird es besser laufen als vorher.

Diese Logik nutzen wir bereits vereinzelt in sogenannten Reallaboren bei der Erprobung von Spitzentechnologien wie autonomes Fahren, Telemedizinlösungen oder neue Identifizierungsverfahren. Indem sie einige Unternehmen bereits einsetzen können, werden die Technologien im realen Umfeld erlebbar. So kann nicht nur das Unternehmen ermitteln, welche Technologien und Geschäftsmodelle funktionieren. Auch der Gesetzgeber lernt, welche Regeln sinnvoll sind und welche nicht.

Genau diese Logik über die Zulassung von neuen Technologien sollten wir auf ganz viele Regelungsbereiche ausweiten. Einzelne Städte und Landkreise sollten als Pilotregionen schlanke, pragmatische und innovative Regulierungen ausprobieren können. Warum nicht mal mit neuen, flexiblen Arbeitszeiten experimentieren? Warum nicht den Schulleitern einfach mal mehr Entscheidungsbefugnisse geben? Warum nicht mal alle Gründer im ersten Jahr von Pflichten in den Bereichen Steuer- und Arbeitsrecht befreien? Warum nicht mal datenrechtliche Vorgaben eindampfen, wenn in einer Region ein neues Mobilitätskonzept ausgetüftelt wird? Warum nicht mal auf das Ausfüllen von bestimmten Statistiken für Handwerker verzichten?

Um diesen Pilotregionen klare Bedingungen und damit rechtliche Sicherheit zu geben, brauchen wir ein Bundesexperimentiergesetz und einen wirksamen Experimentierklausel-Check. Mein persönlicher Wunsch: Deutschland wird zu einem Land der Experimentierräume, in denen neue Wege, flache Hierarchien und bürokratiearme Projekte getestet werden. Und testen heißt eben auch: genau analysieren, was lief gut, was lief schlecht? Was floppt, wird gestoppt, was gut läuft, wird auf ganz Deutschland ausgerollt. Vielleicht kann man so eine Föderalismusreform, die Deutschland dringend braucht, von unten angehen.

Es ist Zeit, dass wir in Deutschland wieder einmal etwas wagen. Einfach mal machen lassen! Wer eine Idee hat, muss losstürmen dürfen, ohne dass gleich jemand sagt: „Geht nicht, weil …" Es braucht Kreativität und Tatkraft, um die Zukunft zu gestalten. Denn es geht um nicht weniger als um den Erhalt unseres Wohlstands und unserer freiheitlichen Art zu leben. Wir sollten mehr Rostock wagen, auch und erst recht nach den Erfahrungen, die wir während der Pandemie gesammelt haben.

Nur noch zweimal Bundeskanzler: Amtszeitbegrenzung für Spitzenmandate

„Ihr wart doch 16 Jahre an der Macht! Wieso habt ihr das nicht schon längst umgesetzt?" So oder so ähnlich lautet der verständliche Reflex vieler Bürger, egal welchen Reformvorschlag ich unterbreite. Oft denke ich mir, dass die SPD in den vergangenen 24 Jahren sogar 20 Jahre in der Bundesregierung beteiligt war. Aber dieses Schwarze-Peter-Spiel bringt niemanden weiter.

Hier geht es auch nicht um Parteien, einzelne Politiker oder gar Regierungsmitglieder. Hier geht es vor allem um fehlerhafte Strukturen, die grundsätzlicher Art sind.

Zuerst müssen wir ganz oben im Kanzleramt anfangen, denn auf den Kanzler sind die Strukturen in Partei, Fraktion und Regierung zugeschnitten. Mit dem Neueinstieg ins Kanzleramt beginnt sich das Personalkarussell zu drehen. Dann werden Vertraute in Regierungsämter und an entscheidenden Positionen in Fraktion und Partei platziert. Es entsteht ein Machtapparat, der sich mit der Zeit immer stärker verfestigt.

Machtabsicherung gehört zum Regierungsgeschäft seit eh und je dazu. Das ist per se auch nichts Verwerfliches, denn Staat und Gesellschaft profitieren durchaus von der daraus resultierenden Stabilität. Doch es gibt auch schwierige Nebeneffekte. Nur um ein Beispiel zu nennen: Je länger die Amtszeit, umso schwerer haben es neue Köpfe, mit anderen Hintergründen, anderen Erfahrungen und anderen Meinungen durchzudringen. Die Distanz zur Parteibasis wird immer größer.

Und das ist nicht gut. Denn die Welt, die ich am Wochenende im Wahlkreis erlebe, hat nichts mit der Welt im Berliner Regierungsviertel zu tun. Basis und Bürger nennen Probleme beim Namen, hinterfragen unsere Entscheidungen und Prozesse, diskutieren offen und ungeschminkt. Wer sich als Abgeordneter unter dem Eindruck dieser Gespräche in den Gremien dann zu oft mit unbequemen Aussagen zu Wort meldet, wird schnell zum Außenseiter. Die Chance, inhaltlich noch mitzureden und mitzugestalten, wird immer kleiner. Wer das weiß, hält sich oft zurück. Leider, denn so werden Debatten häufig schon im Keim erstickt.

Das Ergebnis: Auf den CDU-Parteitagen der vergangenen Jahre war für den politischen Beobachter häufig das Spannendste, ob der Applausrekord für Angela Merkel noch mal überboten wird. In der CDU/CSU-Bundestagsfraktion hieß es bei Beschwerden über sozialdemokratisch geprägte Gesetze oft hinter vorgehaltener Hand: „Ja stimmt, aber das Kanzleramt hat das jetzt so entschieden." Vielleicht wurde auch deshalb das Ende der beiden längsten CDU-Kanzlerschaften nicht von der Partei eingeleitet, sondern bei Helmut Kohl vom Wähler und bei Angela Merkel von ihr selbst. In den Bundesländern läuft es in der Regel nicht anders.

Wir sollten in der Partei nicht auf die Abwahl oder den Rücktritt des Kanzlers warten, bis wir offene Richtungs- und Reformdebatten beginnen. Am besten wäre es, wenn sich neue Kandidaten mit frischen Ideen und kontroversen Positionen für Spitzenämter bewerben und auch die Chance haben, sich durchzusetzen. Da das leider zu selten klappt, schlage ich eine im Grundgesetz festgeschriebene Amtszeitbegrenzung für Bundeskanzler und Ministerpräsidenten vor, am besten auf zwei Wahlperioden. Die Wahlperiode sollten wir zugleich von vier auf fünf Jahre verlängern. Dann wären es bei einer Wiederwahl zehn Jahre Amtszeit. Wenn es für die Amtszeitbegrenzung im Grundgesetz keine Mehrheit mit den anderen Fraktionen gibt, dann sollte sich die Union wenigstens selbst dazu verpflichten.

In der Wirtschaft ist bei angestellten Topmanagern durch Studien belegt: Ist der Chef zu lange im Amt, leidet der Erfolg. Gründe auch hier: fehlende neue Ideen („Schmoren im eigenen Saft") und eine gewisse „Bunkermentalität", weil sich Machtstrukturen aus Vertrauten des Chefs verfestigen. Die Probleme beginnen laut der Studie in der Wirtschaft nach zehn Jahren. Und so hat sich bei Unternehmenslenkern eine durchschnittliche Amtszeit von acht bis zehn Jahren eingepegelt. Genau diesen Zeitraum würden wir mit einer Amtszeitbegrenzung für Spitzenmandate in der Politik einhalten.

Durch eine Amtszeitbegrenzung kann der Wettbewerb um mögliche Nachfolger früher beginnen. Die potenziellen Nachfolger können sich profilieren, ohne als illoyal zu gelten. Die sich daraus ergebende Dynamik würde die Parteien und das Land beleben. Parteien würden gezwungen, sich permanent zu erneuern. Vor allem täte eine Amtszeitbeschränkung für Kanzler und Ministerpräsidenten unserer Diskussionskultur gut.

Je mehr Politiker ihre Meinung hart in der Sache, aber vernünftig im Ton vortragen, umso mehr Bürger werden diesem Vorbild folgen. Je mehr Politiker sich nicht an den Satzbausteinen des Bundespresseamts, sondern an ihren eigenen Überzeugungen orientieren, umso glaubwürdiger wird die Politik. Je ergebnisoffener wir diskutieren, umso besser werden unsere Entscheidungen. Die Amtszeitbeschränkung ist ein kleiner, aber wichtiger Schritt in diese Richtung.

Den eigenen Gürtel enger schnallen: Den Bundestag erheblich verkleinern

Sommer 2021, kurz vor der Bundestagswahl. Als ich nach einer Plenardebatte meine Anzüge aus der Reinigung holte, fielen mir zwischen dem Gebäude der Bundespressekonferenz und dem Bundestag mehrere bunte Container auf. Ich dachte sofort an Unterkünfte für Bauarbeiter, aber ein Kollege klärte mich auf:

83

Das seien Bürocontainer für die vielen Bundestagsabgeordneten, die durch unser Wahlrecht neu ins Parlament kommen könnten.

Und so kam es dann auch. Der aktuelle Deutsche Bundestag ist der größte aller Zeiten. 736 Abgeordnete – so viele Mandatsträger wie nie zuvor. Unser Parlament nimmt Ausmaße an, die weltweit nur noch vom chinesischen Volkskongress übertroffen werden. Kein anderes demokratisches Parlament ist so groß. Dabei beträgt die gesetzliche Sollgröße „nur" 598.

Es hätte sogar noch schlimmer kommen können, denn laut Schätzungen hätte der Bundestag nach der vergangenen Bundestagswahl sogar 800 oder gar 1000 Abgeordnete umfassen können. Ein solches Mammut-Parlament wäre noch weniger arbeitsfähig gewesen, weil die Größe schon die bisherige Verwaltung überfordert. Straffe Sitzungsführungen würden noch weniger möglich sein. Und teuer würde der „Spaß" auch: Je nach Übergröße könnten im Verlauf einer Legislaturperiode Mehrkosten von über einer halben Milliarde Euro zusätzlich auf die Steuerzahler zukommen. Der aktuelle Bundestag kostet uns bereits jährlich gut eine Milliarde Euro.

Dabei ist die Gefahr der Aufblähung des Bundestages seit Jahren bekannt. Man traf sich in den vergangenen Jahren auch immer wieder zu Gesprächen. Nur: Man konnte sich nicht einigen, weil jede Partei eigene Interessen verfolgte.

Kurz zum Hintergrund: In Deutschland gibt es 299 Wahlkreise. Dort werden die jeweiligen Kandidaten direkt gewählt – mit der Erststimme. Dafür braucht keiner der Kandidaten eine absolute Mehrheit. Es reicht aus, wenn man nur eine Wählerstimme mehr als der Zweitplatzierte auf sich vereint. Für die tatsächliche Zusammensetzung des Parlaments aber wiegt die Zweitstimme schwerer. Sie entscheidet nämlich am Ende darüber, mit wie vielen Mandatsträgern eine Partei in den Bundestag einzieht.

Kompliziert wird es, wenn die Anzahl der Direktmandate (Erststimme) die berechtigte Summe an Mandaten (Zweitstimme) übersteigt. Dann wäre diese Partei im Parlament überrepräsentiert, hätte also mehr Abgeordnete, als ihr nach Zweitstimmenergebnis zusteht. Zum Ausgleich bekommen die anderen Parteien dann entsprechend mehr Abgeordnetensitze zugeteilt. Ein System, von dem insbesondere kleine Parteien profitieren, die kaum Direktmandate gewinnen. Sie bekommen so viele Ausgleichsmandate, bis das Verhältnis wieder stimmt. Der Bundestag wird also größer. Wie könnte man gegensteuern?

Ein Modell setzt auf weniger Wahlkreise. Damit bestünde das Problem der Ausgleichsmandate weiter, aber es würden weniger anfallen. Der Nachteil: Die Wahlkreise würden größer und noch häufiger über Landkreisgrenzen hinweggehen. Darunter würde die Nähe der Abgeordneten zum Bürger leiden. Trotzdem wäre das meines Erachtens ein gangbarer Weg, auch weil seit der Pandemie der digitale Kontakt viel mehr Raum einnimmt und Möglichkeiten bietet. Das ersetzt mitnichten den persönlichen Kontakt, ein bisschen Spielraum für größere Wahlkreise sehe ich dennoch.

Ein anderes Modell trennt strikt zwischen Wahlkreissitzen und Listensitzen. Danach würden die 299 Wahlkreissitze besetzt wie bisher, aber die Listenmandate nur auf die 299 Listensitze aufgeteilt – also ohne Ausgleichsmandate. Die Einhaltung der Bundestagsobergrenze von 598 wäre damit gesichert. So würde die Bedeutung der Direktkandidaten steigen, während die Bedeutung der Parteiführungen, die die Landeslisten bestimmen, begrenzt würde.

Der Nachteil für die kleineren Parteien: Große Parteien, die viele Direktmandate gewinnen, könnten trotz eines eher mickrigen Zweitstimmenergebnisses sogar eine absolute Mehrheit im Bundestag bekommen.

Auch die Ampelkoalition hat im Frühjahr 2022 einen eigenen Vorschlag unterbreitet. Demnach sollen die Überhang- und Ausgleichsmandate komplett abgeschafft werden. Parteien bekämen nur so viele Direktmandate zugeteilt, wie ihnen laut Zweitstimmenergebnis zustehen. Am Ende würde der Bundestag also genau 598 Abgeordnete umfassen. Das klingt verlockend, hat aber einen nicht unerheblichen Schönheitsfehler: Gemäß diesem Konzept würden Gewinner von Direktmandaten diese an Verlierer abtreten, wenn das Zweitstimmenergebnis nicht „passt". Es gibt nicht wenige Experten, die diesen Vorschlag als klar verfassungswidrig einstufen.

Oder wir versuchen etwas völlig Neues: Wir könnten auch auf die Verrechnung der Direktmandate mit den Zweitstimmen komplett verzichten. Im Gegenzug könnten wir die Methode der Direktkandidatenwahl so ändern, dass die Stimmen für die unterlegenen Kandidaten nicht unter den Tisch fallen. Dieses Modell gibt es in Australien. Es nennt sich Präferenzwahlsystem oder Rangfolgewahl.

Dort kann man nicht nur einen Kandidaten ankreuzen, sondern man kann eine Rangfolge festlegen: Wen man am liebsten hätte, am zweitliebsten usw. Wenn ein Kandidat von mehr als der Hälfte der Wähler auf Platz 1 gesetzt wurde, ist er gewählt. Wenn das keiner schafft, wird der Kandidat, der die wenigsten Platz-1-Stimmen bekommen hat, von der Zählung ausgeschlossen. Von allen Wahlzetteln, die diesen Kandidaten auf Platz 1 hatten, werden nun die Platz-2-Stimmen auf die entsprechenden Kandidaten verteilt. Das Verfahren wird so lange fortgesetzt, bis einer der Kandidaten mehr als 50 Prozent der Stimmen hat. Der ist dann gewählt.

Mit dieser Methode können überraschend auch Kandidaten eine Mehrheit bekommen, die in der ersten Runde weiter hinten lagen. Und auch die Kandidaten kleinerer Parteien können an den Kandidaten großer Parteien vorbeiziehen. Wahlen werden also weniger vorhersagbar. Aber wäre das wirklich so schlimm? Ich meine nein, denn die Vorteile überwiegen. Ein Präferenzwahlsystem würde die Bindung zwischen Wählern und ihren Direktkandidaten stärken, ohne kleine oder große Parteien einseitig zu benachteiligen. Und das Wichtigste: Der Bundestag könnte nennenswert verkleinert werden.

Kurzum, es gibt viele Möglichkeiten, um das Wahlrecht zu reformieren. Wichtig ist, dass sich jetzt alle Parteien aufeinander zubewegen und eine verfassungsfeste Lösung finden. Und zwar schnell. Parteiinteressen müssen zurückstehen. Denn wenn wir nicht bald eine Lösung finden, verlieren wir Politiker nicht nur weiter an Glaubwürdigkeit. Wir machen uns lächerlich. Der Verlierer wäre die Demokratie. Die Container neben der Bundespressekonferenz wären dann das traurige Sinnbild für die Reformunfähigkeit der deutschen Politik.

Klimaschutz richtig machen: Globalen Emissionshandel einführen

Seit Jahren schon erinnern mich die Diskutanten über den Schutz vor dem Klimawandel an Ruderer auf einem Boot, das mit der Strömung auf einen Wasserfall zutreibt. Hektisch versuchen alle auf dem Boot, gegen die Strömung anzurudern. Doch viele erreichen mit ihren Rudern gar nicht das Wasser. Andere rudern in die falsche Richtung oder verheddern sich untereinander mit den Rudern. Mittendrin sitzen Politiker, Aktivisten, ja sogar Verfassungsrichter und rufen: „Schneller, schneller, schneller" oder „Freiwillige vor". Seit Frühjahr 2022 hat dieses Bild eine neue Facette: Am Ufer steht der russische Präsident Wladimir Putin und hat seine böse Freude daran.

Deutschland wollte der Welt zeigen, wie Dekarbonisierung geht. „Raus, raus, raus" – das war in den letzten Jahren die vorherrschende Devise der Energiepolitik. Raus aus der Kernkraft, raus aus der Kohle und damit raus aus den wenigen uns zur Verfügung stehenden Energieträgern, die eine gesicherte Leistung liefern können. Am Ende haben wir uns in eine Abhängigkeit zu Russland begeben, die nicht nur uns selbst, sondern unseren Partnern in Europa schwer auf die Füße fällt. Ganz zu schweigen von der Ukraine, die von Russland angegriffen und in einen erbarmungslosen Krieg gezogen wurde.

Und das Klima? Während Deutschland eine „Aus allem raus"-Politik betrieb, stiegen die globalen CO_2-Emissionen immer weiter an. So wurden im Jahr 2021 laut der Internationalen Energieagentur (IEA) über 36 Milliarden Tonnen CO_2 ausgestoßen – ein trauriger Rekordwert. Der Hauptteil dieser Emissionen ging auf China zurück, das auf einen Wert von rund zwölf Milliarden Tonnen kam und die Emissionen von 2020 nochmals um fast zwei Milliarden Tonnen steigerte. Zum Vergleich: Deutschland emittierte 2021 insgesamt rund 750 Millionen Tonnen CO_2. Mit anderen Worten: Allein der jährliche Anstieg an CO_2-Emissionen in China ist weit mehr als doppelt so hoch wie die gesamten Emissionen Deutschlands.

Folgt man der Logik des Bundesverfassungsgerichts, nach der Deutschland nur noch ein bestimmtes Budget an CO_2-Emissionen zusteht, dann beträgt dies laut Sachverständigenrat für Umweltfragen bis 2045 noch etwa 6,5 Milliarden Tonnen. Auch hier ein Vergleich: Was wir in den verbleibenden Jahren demnach emittieren dürfen, entspricht der Menge an CO_2, die China in nur einem halben Jahr rausbläst.

Aus diesen Zahlen ziehe ich zwei Schlüsse: Erstens dürfen wir in Deutschland jetzt nicht den Fehler machen und uns zurücklehnen nach dem Motto „Wir sind zu klein, um nachhaltig Klimapolitik betreiben zu können". Nein, im Gegenteil: Wir können sehr viel tun. Es muss aber gut begründet sein und wirklich der Welt im Kampf gegen die Erderwärmung helfen. Anders ausgedrückt: Wir können zwar den Klimawandel nicht allein abfedern, wir können aber anderen unsere Erfahrungen, Ideen und Technologien zur Verfügung stellen, damit wir weltweit schneller vorankommen.

Jeder, der in den vergangenen Jahren auf der Hannover-Messe war, hat gesehen, dass wir zum Beispiel Umwelttechnologien, Maschinen und Anlagen entwickeln können, die den CO_2-Ausstoß signifikant minimieren. Dazu müssen wir Universitäten, Forschungseinrichtungen und Unternehmen bei der Forschung massiv unterstützen. Wir müssen schneller und besser werden, etwa bei der Speicherung von erneuerbarer Energie, bei CO_2-Extraktion, Kernfusion und vielem mehr.

Der zweite Schluss: Um die weltweiten Klimaziele zu erreichen, müssen wir globaler denken und uns von planwirtschaftlichen Ansätzen in der Energiepolitik trennen. Es braucht einen marktwirtschaftlichen Taktgeber: einen globalen Emissionshandel. Der Takt ist immer der CO_2-Preis.

Der CO_2-Preis lenkt die Investitionen in klimafreundliche Technologien, effizient und ohne tausend verschiedene Regulierungsvorschriften und eine ausufernde Bürokratie. Dank des Preises wird CO_2 dort eingespart, wo es am effizientesten ist und am wenigsten kostet. Ohne Vorgabe von bestimmten Technologien werden so die besten Innovationen im Wettbewerb entwickelt, die es weltweit braucht, um voranzukommen.

Es gibt bereits mehr als 20 Emissionshandelssysteme weltweit, von Kalifornien über Kasachstan bis Neuseeland. Selbst China hat einen Emissionshandel gestartet. Über 2000 Betriebe, vor allem staatliche Kraftwerksbetreiber, nehmen bereits teil. Diese machen immerhin rund sieben Prozent der globalen Emissionen von fossilen Brennstoffen aus.

Das Pariser Klimaabkommen gibt die Ziellinie vor. Ein strikter Deckel eines globalen Emissionshandels, der die CO_2-Emissionen weltweit begrenzt, würde dafür sorgen, dass wir die Ziele von Paris sicher und rechtzeitig erreichen. Erst ein globaler Emissionshandel bringt die nötige Verbindlichkeit, die dem Pariser Klimaabkommen heute noch fehlt. Dass das funktioniert, zeigt sich in der EU: Im europäischen Emissionshandel sinken die CO_2-Emissionen seit Jahren kontinuierlich und rund doppelt so schnell wie außerhalb des Emissionshandels.

Wenn wir jetzt in Deutschland im nationalen Alleingang und im Hauruckverfahren aktionistische Maßnahmen beschließen, dann bringt uns dies den internationalen Klimazielen nicht näher. Die deutschen CO_2-Emissionen fallen nicht weg, sondern verlagern sich im Zweifel nur in andere Länder.

Wenn wir etwa energieintensive Industrien zu stark belasten, verlagern diese ihre Produktionsstätten ins Ausland und emittieren da im Zweifel mehr als vorher. Denn die energieintensiven Unternehmen gehören zum europäischen Emissionshandel. Die Gesamtmenge an Zertifikaten ist gedeckelt. Wenn wir nun in Deutschland weniger Zertifikate benötigen, können diese von anderen Ländern genutzt werden. Entscheidend ist die europäische Emissionsobergrenze.

Deshalb muss ein globaler Emissionshandel zum Fixpunkt unserer Klimapolitik werden. Jede Klimaschutzmaßnahme muss sich an ihm ausrichten. Wir haben weder die Zeit noch das Geld für regulatorisches und nationales Klein-Klein. Gasgefüllte Luftballons oder Grillwürste zu verbieten, führt ebenso in die klimapolitische Sackgasse wie die ausschließliche Fokussierung auf bestimmte Technologien wie den Elektromotor. Solche Maßnahmen kosten gewaltige Summen an Steuergeldern und sind nicht zielführend.

Die Etappenziele auf dem Weg zum globalen Emissionshandel sind klar: Es braucht eine Ausweitung des EU-Emissionshandels auf die Sektoren Verkehr und Wärme. Auch wenn es noch einige Rangeleien in der EU darüber gibt, wie diese Ausweitung konkret auszugestalten ist, handelt es sich um einen wichtigen Zwischenschritt auf dem Weg zum globalen Emissionshandel.

Einen weiteren entscheidenden Schritt dorthin hat der wissenschaftliche Beirat im Bundeswirtschaftsministerium beschrieben: Die EU muss mit möglichst vielen internationalen Partnern einen Klimaclub gründen. Dieser würde den Anreiz für andere Partner steigern, ihre Emissionshandelssysteme ebenfalls international zu verknüpfen. In einem ersten Schritt sollten die Clubmitglieder einen gemeinsamen CO_2-Mindestpreis festlegen. Der Anfang ist gemacht, immerhin haben sich die G7-Staaten im Sommer 2022 für die Gründung eines Klimaclubs ausgesprochen. Doch die Zeit drängt, es muss alles viel schneller gehen.

Auch wenn uns der Ukrainekrieg zurückwirft und bisherige Handelsbeziehungen erschwert oder sogar infrage stellt, dürfen wir nichts unversucht lassen, um vor allem China mit ins Boot zu holen. Denn nur, wenn auch die Länder mit den höchsten Emissionswerten im Takt mitrudern, kann Klimaschutz gelingen.

Ein globaler Emissionshandel ist keine Träumerei, sondern möglich. Wir müssen aber entschlossen Kurs auf ihn nehmen. Dazu braucht es nicht mehr Soloruderer, sondern international koordiniertes Handeln.

Schluss mit der Geldschwemme: Die EZB muss die Inflation bekämpfen und sonst nichts

Im Sommer war ich mal wieder mit meinen Kumpels in meiner Stammkneipe Skat spielen. In Schwaney, einem kleinen Ort im ländlichen Raum bei Paderborn. Die Kneipe befindet sich gegenüber einer geräumten Volksbank. Auch die Sparkasse wenige Meter weiter wurde vor Kurzem aufgelöst. Wir sprachen in der Runde darüber und gaben der Digitalisierung die „Schuld" für die Aufgabe der Dorfbanken. „Wer geht denn heutzutage noch persönlich zum Bankberater?", fragten wir uns.

Vielleicht kommt das Internetbanking vielen Bankchefs aber auch gelegen, denn sie müssen ohnehin sparen. Grund dafür ist die seit Jahren anhaltende Niedrigzinspolitik der Europäischen Zentralbank (EZB). Diese führte dazu, dass es für Kunden zuweilen attraktiver war, Bargeld im Schließfach im Keller der Bank zu verstauen, als es am Bankschalter auf das eigene Konto einzuzahlen. Irre!

Der Hintergrund ist schnell erklärt. Seit der Finanzmarktkrise vor über zehn Jahren pumpt die EZB Geld in die Märkte, als gäbe es kein Morgen mehr. Sie kauft in großen Mengen Anleihen von Staaten und Unternehmen auf. Die Geldmenge wächst und wächst. Die Leitzinsen bleiben niedrig. Die Mitgliedsstaaten der EU konnten damit noch leichter das machen, was sie besonders gut können: Schulden aufnehmen.

Dabei ist der Zins eigentlich das wichtigste Disziplinierungsinstrument, das unser Wirtschaftssystem kennt. Wenn es mich nichts kostet, verschuldet zu sein, warum sollte ich dann Schulden abbauen, statt neue, weitere Schulden aufzunehmen? Viele Staaten haben die Frage für sich längst beantwortet. Sie schieben Strukturreformen auf die lange Bank. Im Ergebnis stiegen die Schuldenstände schon lange vor der Ukraine- und Coronakrise, während nicht zukunftsfähige Strukturen konserviert wurden.

Und jetzt kommt dazu die hohe Inflation. Die Teuerungsraten erreichen Rekordhöhen. Im Sommer 2022 waren es hierzulande rund acht Prozent. Natürlich hängt das vor allem mit den hohen Energie- und Lebensmittelpreisen im Zuge des Ukrainekonflikts zusammen. Aber selbst wenn man Energie und Lebensmittel rausrechnet, beträgt die sogenannte Kerninflationsrate immer noch etwa die Hälfte der gesamten Inflation. Das zeigt, dass mit einem raschen und spürbaren Rückgang der Inflation nicht zu rechnen ist.

Mir berichten immer mehr Mittelständler über nie da gewesene Rohstoff- und Materialengpässe, die sich zum Teil über mehrere Jahre hinziehen werden. Der Arbeitskräftemangel ist mittlerweile in fast allen Branchen akut, in der deutschen Industrie gibt es relativ wenig freie Kapazitäten, die Babyboomer-Generation geht bald in Rente. Das alles spricht für anhaltend steigende Preise und Löhne.

Doch was macht die EZB? Kurz vor dem spürbaren Anstieg der Teuerungsrate weicht sie im Sommer 2021 ihr Inflationsziel auf. Statt „unter, aber nahe zwei Prozent" strebt die Notenbank eine jährliche Inflation von zwei Prozent an und toleriert dabei eine zeitweise Überschreitung. Gleichzeitig sucht sich die EZB neben der Geldwertstabilität neue Ziele und Betätigungsfelder. Mitunter fließen sogar Klimaschutzaspekte immer stärker in den geldpolitischen Handlungsrahmen ein. Dabei ist das Mandat eigentlich klar im Maastrichter Vertrag geregelt: Die EZB muss die Preise stabil halten und darf keine Abwägung mit anderen Zielen vornehmen. Für Klimapolitik sind die Parlamente da, nicht die Zentralbank.

Es wird brandgefährlich, wenn die EZB nicht eine längst überfällige geldpolitische Wende einläutet. Zwar hat sie diese inzwischen nach elf Jahren im Sommer 2022 eingeleitet. Doch gleichzeitig hat sie ein neues Instrument mit dem Namen „Transmission Protection Instrument" (TPI) beschlossen, um „ungerechtfertigten, ungeordneten Marktdynamiken entgegenzuwirken, die eine ernsthafte Bedrohung für die Transmission der Geldpolitik im Euroraum darstellen".

Mit anderen Worten: Die EZB will in Zukunft durch den Ankauf von Staatsanleihen Zinsunterschiede zwischen den Euroländern ausgleichen. Dabei geben gerade Zinsunterschiede die Risikobewertung der Kapitalmärkte wieder. Je höher der Zins, desto unsicherer die Rückzahlung. Das sind also keine „ungerechtfertigten" Marktdynamiken. In Wahrheit will die

EZB verhindern, dass die Zinsen hoch verschuldete Staaten wie Italien zu stark belasten. Damit ist aber meines Erachtens die Grenze zur Staatsfinanzierung überschritten worden.

Für mich stellt sich nach dieser Entscheidung aus dem Sommer 2022 endgültig die Frage, ob die EZB noch die Kraft hat, ihr eigentliches Mandat einzuhalten, oder ob die gegenseitige Abhängigkeit von Politik und Notenbank bereits zu groß ist. Viele Staaten sind so stark verschuldet, dass sie eine steigende Zinslast nicht mehr schultern können. Sie haben sich längst an die niedrigen oder negativen Zinsen gewöhnt und kommen nicht mehr raus aus der Schuldenfalle.

In Vergessenheit geraten dabei häufig jene, die schon jetzt den Preis für die expansive Geldpolitik zahlen. Während Staaten, Immobilienbesitzer und große Unternehmen kurzfristig von den negativen Realzinsen profitieren, verlieren die Ersparnisse der Kleinsparer an Wert. Hart arbeitende Menschen, die sich was auf die Seite legen, um am Lebensabend mehr zu haben als die, die alles ausgeben. Denn bei anhaltend vergleichsweise hohen Inflationsraten von drei, vier oder mehr Prozent – so meine Schätzung für die nächsten Jahre – trifft der negative Realzins gerade die kleinen Leute. Zur Veranschaulichung: Wenn jemand 100.000 Euro gespart hat und die Inflation durchschnittlich vier Prozent beträgt, halbiert sich die Kaufkraft des Vermögens nach 18 Jahren auf 50.000 Euro.

Auf dem Festgeldkonto schmilzt also das Ersparte. Das ist ungerecht, setzt Fehlanreize und kommt am Ende einer Enteignung gleich. Die Folge: Die Mittelschicht wird ausgedünnt, weil immer mehr Menschen in die staatliche Obhut gezogen werden. Immer mehr Menschen beziehen heute schon Wohngeld, weil sie arbeiten gehen und trotzdem zu wenig übrig haben, um ihren Lebensunterhalt zu bestreiten. Die Anzahl der Bezieher von Wohngeld ist 2020 im Vergleich zum Vorjahr um über 20 Prozent auf über 600.000 Haushalte gestiegen. Grund war zwar unter anderem eine Wohngeldreform, die Tendenz ist trotzdem eindeutig.

Die freiwillige, solide Altersvorsorge geht so vor die Hunde. Die Auswirkungen der hohen Inflationsraten auf das Vorsorgeverhalten der Bürger liegen auf der Hand. Immer weniger Bürger können sich noch private Vorsorge leisten. Nach einer im August 2022 veröffentlichten Umfrage des Deutschen Instituts für Altersvorsorge stellte bereits jeder vierte Befragte die Einzahlungen in vorhandene Sparverträge ein. Jahrelang hat die EZB Geld in die Märkte gepumpt. Jetzt, wo die Inflation da ist, bekommt sie den Ketchup nicht mehr in die Flasche zurück.

Was wir jetzt brauchen, ist eine EZB, die entschlossen und ohne falsche Rücksicht auf die Politik agiert. Bis dato macht sie nicht den Eindruck, dass sie dazu in der Lage ist. Der Hinweis darauf, dass die EZB nichts für die hohen Energiepreise kann, läuft ins Leere. Denn das Mandat nimmt keine Rücksicht auf die Ursachen der Inflation, sondern es muss alle Möglichkeiten ausschöpfen, sie zu bekämpfen. Auch sorgt ihre expansive Geldpolitik dafür, dass der Euro im Vergleich zum Dollar massiv abwertet und damit die hohen Importenergiepreise nochmals befeuert werden.

Sozialausgaben gerechter verteilen: Sozialstaatsbremse einführen

Durch die vom Bundeskanzler ausgerufene „Zeitenwende" werden wir in Zukunft viel mehr Steuergeld für unsere Sicherheit bereitstellen müssen. Eine Vorahnung, was da auf uns zukommt, gibt uns das 100-Milliarden-Paket für die Bundeswehr, das im Sommer 2022 verabschiedet wurde. Oder denken wir an die großen Euro- und Coronarettungspakete. So stark der Staat mit seinen gigantischen Rettungspaketen auch wirken mag, irgendwann droht ihm das Geld auszugehen. Denn die Geschichte der Staaten ist bekanntlich auch eine Geschichte ihrer Pleiten.

Einer der Lieblingssätze von Peter Altmaier war: „Lieber ein Onkel, der was mitbringt, als eine Tante, die Klavier spielt." Er hat ja recht. Mit Geschenken machen sich Politiker beliebt. Das Verteilen fällt umso leichter, wenn die Geschenke jemand anderes bezahlen muss.

Umso wichtiger ist die Schuldenbremse im Grundgesetz, besser noch die Einhaltung der „schwarzen Null". Der Haushalt muss ausgeglichen sein, d. h., die Ausgaben des Staates dürfen die Einnahmen nicht überschreiten. Die „schwarze Null" schützt die Politiker vor sich selbst und vor den nie endenden Wünschen und Begehrlichkeiten, die jeden Tag an sie herangetragen werden.

Schulden können zudem auch immer die Inflation anheizen. Sie rauben den nächsten Generationen alle Gestaltungschancen. Besser ist es, den Hunger des Staates nach immer neuen Mitteln zu stoppen. Geschieht das nicht, kommt er er-

97

fahrungsgemäß auf immer neue Ideen, wie er das Geld verprassen kann. Wo also sparen?

Wer jetzt mit der Sozialpolitik kommt, muss sehr vorsichtig sein. Ein Shitstorm ist vorprogrammiert. Davon kann ich ein Lied singen. Man gilt dann schnell als „kalt" oder gar als „neoliberaler Turbokapitalist". Dabei würden wir durch einen sachgerechten, limitierten Umgang mit Sozialmitteln am Ende sogar eine bessere Sozialpolitik bekommen als heute.

Tatsächlich sind die Sozialausgaben in unserem Land in den letzten 15 Jahren sogar stärker gestiegen als die Wirtschaftskraft. Lag die Sozialleistungsquote – also das Verhältnis zwischen allen Sozialausgaben und dem Bruttoinlandsprodukt – 2007 noch unter 27 Prozent, sind es über 30 Prozent im Jahr 2019. Pandemiebedingt ist die Quote 2020 auf über 33 Prozent angestiegen (u. a. Kurzarbeitergeld), das sind rund 1,2 Billionen Euro. 46 Prozent der Bundesbürger haben in dem Jahr mehr staatliche Leistungen erhalten, als sie an Steuern und Abgaben gezahlt haben. Die Sozialausgaben machten schon vorher etwa die Hälfte des Bundeshaushaltes aus. Wiederum mehr als die Hälfte davon entfällt auf den Steuerzuschuss für die gesetzliche Rentenversicherung.

Zum einen fehlt es bei sozialpolitischen Debatten in Deutschland oft an Sachlichkeit. Zum anderen gilt aber auch: Unsere Sozialpolitik kommt zu selten bei denen an, für die sie eigentlich gedacht ist. Es liegt nicht am Geld, sondern an seiner Verwendung. Drastischer formuliert: Wir verschwenden Geld, weil wir es zu sehr mit der Gießkanne verteilen, anstatt uns auf diejenigen zu konzentrieren, die es wirklich brauchen.

Beispiel Rentenpolitik: Die Rente mit 63 sollte den hart arbeitenden Menschen zugutekommen, die es einfach nicht bis zur normalen Altersgrenze schaffen. Profitiert haben aber zu einem großen Teil Büroangestellte des öffentlichen Dienstes. Denn die meisten Dachdecker oder Maurer schaffen es körperlich schon gar nicht, bis 63 zu arbeiten. Die Mütterrente sollte Altersarmut von alleinstehenden Frauen bekämpfen. Bei den wirklich Bedürftigen wurde sie aber von der Sozialhilfe abgezogen. Die Grundrente sollte Menschen in Niedriglohnjobs einen Ruhestand in Würde ermöglichen. Ein Viertel aller Rentner in Armut bekommt sie aber gar nicht. Dafür zählt jeder fünfte Empfänger der Grundrente zur wohlhabenden Hälfte aller Ruheständler.

Die Antwort auf nach wie vor bestehende Probleme im Sozialsystem kann jetzt aber nicht einfach noch mehr Geld sein. Das wird uns dann an anderer Stelle fehlen, etwa für Bildung, Infrastruktur und Digitalisierung. Nur mal eine Zahl: Für Bildung geben die öffentlichen Haushalte in Deutschland nicht einmal fünf Prozent unserer Wirtschaftskraft aus, im Vergleich zu den mehr als 30 Prozent für Soziales.

Wir müssen die Sozialleistungsquote dauerhaft begrenzen und eine „Sozialstaatsbremse" einführen. Über ihre Höhe kann man streiten. Mein Vorschlag: 30 Prozent! Das ist ungefähr das Vor-Corona-Niveau. Das würde uns Politiker dazu zwingen, mit dem Geld der Bürger vernünftig umzugehen. Die Schuldenbremse hat ähnlich disziplinierend gewirkt.

Für die Rentenpolitik hieße das etwa, dass wir in Zukunft alles dafür tun, längeres Arbeiten für diejenigen attraktiver zu machen, die körperlich dazu in der Lage sind. Mit anderen Worten: Hier brauchen wir eine Anpassung der Lebensarbeitszeit an die Lebenserwartung. Gleichzeitig müssen wir für jene da sein, die vor dem Rentenalter in die Erwerbsminderungsrente gehen müssen, weil sie schlicht und einfach nicht mehr können – ob Krankenschwestern, Pfleger oder Maurer. Und zwar mit voller Wucht! Das nennt man zielgerichtete Politik.

Da die gesetzliche Rente allein aufgrund des demografischen Wandels in vielen Fällen den Lebensstandard im Alter nicht mehr sichern kann, müssen wir gleichzeitig die kapitalgedeckte Altersvorsorge stärken. Riester braucht einen Neustart: viel flexibler, renditestärker und unbürokratischer. Dass wir uns dringend auch mit dem Thema Beamten- und Politikerpensionen auseinandersetzen müssen, wird an anderer Stelle ausgeführt.

Durch die Sozialstaatsbremse würden wir im Übrigen auch den Verschiebebahnhöfen zwischen Sozialversicherungen und Bundeshaushalt einen Riegel vorschieben: In Renten-, Arbeitslosen-, Pflege- und Krankenversicherungen wurden die Leistungsausweitungen der letzten Jahre immer öfter über Steuerzuschüsse finanziert.

Diese Steuerfinanzierung mag kurzfristig gut gemeint sein, um die Arbeitskosten nicht in die Höhe schießen zu lassen. Langfristig fällt uns das aber auf die Füße. Der wissenschaftliche Beirat des Wirtschaftsministeriums hat das kürzlich am Beispiel der Rentenversicherung ausgerechnet. Wenn man dort – wie von verschiedenen Seiten gefordert – die bisherige Politik der sogenannten doppelten Haltelinie bei Rentenniveau und Beitragssatz verlängern würde, müsste der Steuerzuschuss zur Rente in den nächsten knapp 20 Jahren massiv steigen – von derzeit knapp einem Viertel auf die Hälfte des gesamten Bundeshaushaltes. Das wäre das Ende für gestaltende Politik bei Infrastruktur und Bildung. Es würde auch die Klimawende unmöglich machen, weil die finanziellen Spielräume fehlen.

Eine Sozialstaatsbremse hingegen würde alle Sozialausgaben berücksichtigen, egal ob beitrags- oder steuerfinanziert. Da wir nicht mehr einfach draufsatteln könnten, würde sie uns zwingen, jede Ausgabe der Vergangenheit kritisch zu prüfen, bevor wir sie in die Zukunft fortschreiben. Die Mittel fließen dann jeweils dahin, wo sie am meisten gebraucht werden. So verrückt es klingen mag: Unsere Sozialpolitik würde durch eine Sozialstaatsbremse besser und gerechter.

Ein solcher Vorschlag wird nach meiner festen Überzeugung erst dann in der Bevölkerung auf Zustimmung stoßen, wenn gleichzeitig die Politik für sich selbst eine Bremse einbaut, zum Beispiel mit Blick auf die Altersversorgung der Bundestagsabgeordneten. Solange die Politik nicht selbst mit bestem Vorbild vorangeht, braucht sie sich nicht zu wundern, wenn alle politischen Vorhaben für mehr Mitteleffizienz scheitern werden.

Kein digitaler Flickenteppich mehr: Endlich ein Digitalministerium einführen

Darf man eigentlich keinem erzählen. Seit einiger Zeit ist man im Bundestag bemüht, die Faxgeräte abzuschalten. Abgeschlossen ist dieser Prozess bis heute nicht. Im Gegenteil: Noch immer wird in einigen Fällen gefordert, ausgefüllte Formulare „vorab per Fax" zu schicken, bevor man sie dann zusätzlich in die Hauspost gibt. Und jeder Bürger erlebt das ähnlich bei fast jedem Behördenkontakt. Digital ist da allenfalls das PDF-Dokument, das man ausdrucken kann, aber von Hand ausfüllen und mit der Post abschicken muss.

Keine Frage, Unternehmen sind – selbst bei datensensibelsten Vorgängen wie zum Beispiel Bankgeschäften – im Kundenkontakt um Längen weiter als der öffentliche Dienst. Hingegen ist die Verwaltung geprägt von Insellösungen und veralteten Eigenentwicklungen. Dabei bestätigte der Normenkontrollrat bereits 2015, dass die Digitalisierung der 60 wichtigsten Verwaltungsdienstleistungen mehr als ein Drittel des bisherigen Bürokratieaufwands einsparen würde. Trotzdem sind die meisten dieser Verwaltungsdienstleistungen bis heute noch nicht digitalisiert. Und zwar zum Nachteil aller: Die Verwaltung sieht sich außerstande, Leistungen schnell und kosteneffizient anzubieten, die Bürger hadern mit einem starren und schwerfälligen Verwaltungsapparat.

Dabei könnte ein digitaler Staat so viel. Er könnte bei den Bürgern je nach Lebenssituation – von der Geburt angefangen – die erforderlichen Verwaltungsprozesse direkt anstoßen. Er könnte den Bürger online mitverfolgen lassen, welchen Bearbeitungsstand sein Antrag hat und wann mit einer Entscheidung zu rechnen ist. Und er könnte sogar die Datensouveränität der Bürger und Unternehmen stärken, denn über Onlineportale ließe sich nachvollziehen, welche Verwaltungsakteure Daten angefragt oder verwaltungsintern ausgetauscht haben.

Und tatsächlich spricht sich jeder für mehr Digitalisierung aus. Trotzdem funktioniert die Umsetzung nicht. Woran liegt das? Ein Hauptgrund ist ein heilloses Zuständigkeitswirrwarr. Das hat sich durch den etwas veränderten Zuschnitt der Ministerien in der Ampelregierung nicht wirklich verbessert. Im Gegenteil, jetzt mischen noch mehr mit: Neben dem Bundesminister für Digitales und Verkehr sind das Bundesministerium für Wirtschaft und Klima, das Bundesfinanzministerium, das

Bundesinnenministerium wie auch das Kanzleramt höchst involviert.

Schon jetzt zeichnet sich ab: So wird das nichts. Also weg von den vielen Ministerien und Ressorts, die zuständig sind! Deutschland braucht ein echtes Digitalministerium. Ein solches Ministerium muss die Kernbereiche der Digitalisierung bündeln: für Verwaltung und E-Government, IT-Konsolidierung und Betrieb, Telekommunikation und Breitbandausbau, digitale Arbeitswelt, Internet Governance sowie digitale Bildung, Datenpolitik und Plattformwirtschaft. Und das bedeutet: Die anderen Ministerien müssen diese Kompetenzen abgeben. Sonst gibt es nur Konkurrenz und Blockade.

Zudem benötigt das Ministerium die Federführung bei allen digitalpolitischen Kernprojekten des Bundes. Bei der Corona-Warn-App sähe das dann so aus: Das Bundesgesundheitsministerium gibt die Anforderungen für die App vor. Umgesetzt wird die App dann aber im Digitalministerium. So kann es schneller gehen, für den Staat günstiger werden und das Produkt wird innovativer, als wenn ein Ministerium verantwortlich ist, das eben andere Kernkompetenzen und Schwerpunkte hat.

Doch nicht nur die Coronakrise, sondern auch die Hochwasserkatastrophe im Ahrtal 2021 hat gezeigt, dass die digitale Vernetzung zwischen Bund, Ländern und Kommunen verbessert werden muss. Statt 16 Bundesländer, rund 300 Landkreise und über 100 kreisfreie Städte vor sich hin wurschteln zu lassen, muss eine gemeinsame Digitalagentur her, über die einheitliche Schnittstellen und bessere Vernetzung organisiert werden kann.

Mit anderen Worten: Wir müssen die zersplitterte IT-Zuständigkeit unterschiedlichster Ministerien und Behörden bei Bund, Ländern und Gemeinden in einer zentralen Digitalagentur zusammenfassen. Diese muss als privatrechtliche Gesellschaft unter staatlicher Aufsicht mit ausreichend Finanzmitteln die gesamte Verwaltung auf allen Ebenen zügig digitalisieren.

Gleichzeitig erwächst daraus die Chance, dass ein Digitalministerium zum Vorbild für modernes Arbeiten in der Verwaltung werden kann. Es kann sich in agil arbeitenden, projektbezogenen Arbeitsgruppen organisieren und damit anderen Ministerien und Behörden zeigen, wie es geht. Mit Verwaltungsprofis, die bereits in den verschiedenen Ministerien Digitalisierungsprojekte erfolgreich umgesetzt haben, und Experten aus der freien Wirtschaft, die eine frische Perspektive einbringen.

Deutschland muss schnell aufholen und raus aus dem digitalen Neandertal. Modernisierung und Digitalisierung der Verwaltungsvorgänge, aber auch digital gedachte Gesetzgebung müssen oberste Priorität haben. Das kommt letztlich allen Politikfeldern zugute: vom Klimaschutz, bei dem Digitalisierung und Datennutzung CO_2-Emissionen mindern, über die innere und äußere Sicherheit („Cyber War") bis zur Altersvorsorge, in der die konkrete finanzielle Absicherung im Alter ohne verbesserte Datennutzung gar nicht mehr feststellbar ist. Kurzum: Was wir jetzt brauchen, ist ein Digitalisierungsturbo. Der Motor ist ein neues, innovativ strukturiertes Digitalisierungsministerium.

Schluss mit überzogenem Datenschutz: Einheitliche Datennutzungsbehörde schaffen

Dieser Betrug hatte es in sich: Kriminelle nutzten während der Coronakrise ihre Schnelltestzentren, um auf Kosten des Steuerzahlers Kasse zu machen. Statt 100 durchgeführten Tests wurden in manchen Teststellen einfach 1000 abgerechnet. Je nach politischer Interessenlage wurden die politisch Verantwortlichen schnell gefunden. Doch was war der eigentliche Grund dafür, dass dieser Betrug überhaupt möglich war? Richtig, der deutsche Datenschutz.

Die Testzentren durften aus Datenschutzgründen keine Anschriften an die Behörden weiterleiten. Das ist doch verrückt. Bei Google stimmen wir sorglos den Datenschutzbestimmungen mit einem Klick immer wieder aufs Neue zu. In der Regel ohne genauer hinzuschauen, wofür die Zustimmung überhaupt gegeben wird. Und gleichzeitig verbieten wir die Übermittlung der Daten von den Teststellenbetreibern an eine Behörde wie die Kassenärztliche Vereinigung, die für die Abrechnung zuständig ist.

Jetzt danken es uns Kriminelle, die sich auf den deutschen Datenschutz berufen können. Die Liste der gesammelten datenschutzrechtlichen Absurditäten ist lang. Vielleicht erinnern Sie sich noch an den Januar 2021 und den Start der Impfkampagne. Überall wurden in der Republik die ersten Einladungen an die über 80-Jährigen versendet. Überall? Na ja, fast. Das Land Niedersachsen konnte bei der Impfkampagne für Senioren die Daten des eigenen Melderegisters nicht verwenden, weil der private Dienstleister, der die Einladungen versandte, die Daten nicht nutzen durfte. Stattdessen wurde eine Adresskartei bei der Deutschen Post eingekauft.

Der Staat kauft Daten seiner Bürger bei einem privaten Unternehmen? Ohne Worte! Und jetzt festhalten, es wurde sogar noch absurder. Die Daten der Post waren wiederum unvollständig. Es fehlte oftmals die Altersangabe. Ergebnis: Es wurde das sogenannte „Schätzalter auf Vornamensbasis" herangezogen nach dem Motto „Wer Gertrud, Gerda oder Heinz heißt, wird geimpft". 13.093 Menschen kamen so zu ihrem Glück und wurden vorzeitig zur Impfung eingeladen.

Beispiel Bildung: Die Berliner Datenschutzbeauftragte warnte die Berliner mitten in der Pandemie davor, gängige Video-Konferenz-Tools wie Microsoft Teams, Zoom oder WebEx zu nutzen. Das ging so weit, dass der Onlineunterricht an vielen Schulen eingestellt wurde. Eine Grundschule in Berlin-Lichtenberg konnte nach einer offiziellen Datenschutzrüge wochenlang keinen Onlineunterricht anbieten – mitten im zweiten Lockdown.

Dabei nutzt fast die komplette Bundesregierung solche Tools, sogar der Bundestag. Da fragt man sich schon, warum die Programme die Datenschutzvorgaben von Schulen nicht erfüllen, wenn selbst diejenigen, die die Gesetze machen, damit arbeiten.

Beispiel Nachverfolgung: Als die Corona-Warn-App entwickelt wurde, entschied man sich aus Datenschutzgründen für eine dezentrale Speicherung, obwohl auch die Umsetzung mit dem zuvor präferierten zentralen Ansatz datenschutzkonform möglich gewesen wäre. Die Folge ist, dass eine Anbindung der Gesundheitsämter an die offizielle App nicht möglich ist. Stattdessen gibt es neben der Corona-Warn-App kommerzielle Angebote, die den Ämtern genau diese Daten liefern können – auf Basis eines zentralen Ansatzes.

Ich könnte noch zig weitere Beispiele liefern. Fakt ist, so können wir nicht weitermachen. Wir werden sonst die Zukunft der digitalen Technologien einschließlich künstlicher Intelligenz oder Robotik nicht gewinnen. Und ohne solche Schlüsseltechnologien werden wir unsere Weltmarktführerschaft in etlichen Bereichen verlieren.

Laut einer Umfrage des Digitalverbandes Bitkom aus dem Jahr 2020 scheitern bei fast jedem zweiten Unternehmen innovative Projekte aufgrund datenschutzrechtlicher Regeln. Und jedes fünfte Unternehmen verzichtet aus dem Grund auf den Einsatz neuer Datenanalysen.

Solche Ergebnisse sollten für uns ein Weckruf sein. Falsch verstandener Datenschutz wird in Deutschland immer mehr zur Innovationsbremse – ob in der öffentlichen Verwaltung, im Bildungsbereich oder in der Wirtschaft. Was ist also zu tun?

Erstens: Datenschutz und Gesundheitsschutz dürfen kein Gegensatz sein. Jenseits des Urteils des Bundesverfassungsgerichts zum informationellen Selbstbestimmungsrecht als Grundrecht müssen wir bei zukünftigen Pandemien Grundrechte stärker abwägen und Prioritäten setzen. Mit Blick auf eine weitere Pandemie bedeutet das: Die Nachverfolgung von Infektionen muss einfacher und schneller ermöglicht werden.

Zweitens: Wir müssen Datenschutz nicht als Gegensatz zur Datennutzung, sondern als Teil der Datennutzung ansehen. Wissenschaftliche und wirtschaftliche Datennutzung muss selbstverständlicher werden. Wir sollten daher auch nicht mehr von Datenschutzbeauftragten, sondern von Datennutzungsbeauftragten reden. Schon die Sprache verändert die Sichtweise.

Drittens: Wir benötigen eine Reform der Datenschutzaufsicht in Deutschland. Warum gibt es in Deutschland 18 staatliche Datenschutzbeauftragte (vom Bund und den Ländern), obwohl es inzwischen mit der EU-Datenschutzgrundverordnung Regeln und Sanktionen gibt, die in der ganzen EU einheitlich verpflichtend gelten? Landesdatennutzungsbeauftragte sollten nur noch für die Behörden des jeweiligen Landes zuständig sein. Die Zuständigkeit für die Wirtschaft sollte auf Bundesebene angesiedelt sein. In einem weiteren Schritt sollte die Zuständigkeit sogar auf eine einheitliche Datennutzungsbehörde in der EU übertragen werden, die dafür sorgt, dass die EU-weiten Regeln auch EU-weit gleich angewendet und praxisnah weiterentwickelt werden. Sämtliche in Deutschland noch geltenden schärferen Sonderregelungen zum Datenschutz müssen abgeschafft werden – und erst recht föderale Sonderregelungen.

Rechtsstaat überall!
Null Toleranz gegenüber Kriminellen und Verfassungsfeinden

Als Politiker bin ich ja so einiges an Beleidigungen und Beschimpfungen gewöhnt. Sie gehören beinahe schon zum Alltag. An einem Wochenende im Mai 2021 war es mit meiner Gelassenheit allerdings vorbei. Ich erhielt Drohmails und tags darauf wurde versucht, in meine Privatwohnung in Paderborn einzubrechen. Bis heute weiß ich nicht, ob es einen Zusammenhang mit den Drohmails vom Vortag gibt. Machen wir uns nichts vor: In unserer Gesellschaft nimmt nicht nur die Verrohung der Sprache zu, sondern auch die Bereitschaft zur Gewalt. Auch Angriffe auf Politiker häufen sich.

Die polizeiliche Kriminalstatistik bietet eine Licht- und eine Schattenseite. So ist die Zahl der Straftaten insgesamt im Jahr 2021 weiter gesunken und damit bestätigt sie einen Trend, den wir seit einigen Jahren feststellen. Selbst in den Bereichen Gewaltkriminalität, Mord, Totschlag und gefährliche Körperverletzung gab es im Jahr 2021 weniger Fälle zu verzeichnen. Das ist erfreulich. Auch wenn die Coronakrise ihren Teil dazu beigetragen haben dürfte, weil die Menschen weniger im öffentlichen Raum unterwegs waren. Was aber zu denken gibt, ist der überproportional hohe Anteil nichtdeutscher Straftäter. Bei gefährlichen Körperverletzungen lag dieser bei über 60 Prozent, bei Mord und Totschlag bei rund 50 Prozent. Weiterhin erschreckend: Die tätlichen Angriffe auf Polizeibeamte nehmen rasant zu. Allein in Nordrhein-Westfalen wurden im Jahr 2021 ca. 2000 Fälle registriert, ein Fünftel mehr als im Vorjahr.

Auch die Kategorie politisch motivierter Kriminalität gibt Anlass zur Sorge. Hier wurden im Jahr 2021 über 55.000 Straftaten registriert und damit so viele wie noch nie. Rund die Hälfte dieser Straftaten war keinem der üblichen Phänomenbereiche wie „rechts" oder „links" zuzuordnen. Zuwächse gab es bei Straftaten in den Bereichen „ausländische Ideologie", worunter beispielsweise Delikte im Zusammenhang mit dem Nahostkonflikt fallen, und „religiöse Ideologie", die in erster Linie islamistisch motivierte Straftaten umfasst.

Alarmierend sind auch die Ergebnisse zum Antisemitismus. Mit weit über 3000 Straftaten wurde im Jahr 2021 hier ein neuer Höchststand erreicht. Dabei geht es nur um die polizeilich gemeldeten Fälle. Das Dunkelfeld dürfte nochmals deutlich größer sein. Und wenn wir uns allein den Antisemitismusskandal auf der Documenta 2022 in Kassel anschauen, einem Skandal mit Ansage, ahnen wir schon: Der beschämende Rekord von 2021 könnte nochmals übertroffen werden. Antisemitismus und andere Formen der politisch motivierten Kriminalität haben das Potenzial, Gesellschaften zu zersetzen und Demokratien zu erschüttern. Dabei ist es egal, aus welcher Richtung der extremistische Wind weht – ob von rechts oder von links oder religiös motiviert.

Was mir in diesem Zusammenhang immer wieder auffällt, ist, dass es an einer klaren Sprache in Politik und Teilen der Gesellschaft fehlt. Noch immer werden Scheuklappen aufgesetzt, wenn auf Anti-Israel-Demonstrationen Menschen mit arabischem und türkischem Hintergrund antisemitische Parolen brüllen. Und wer im Fall von Clan-Kriminalität in erster Linie über den Begriff diskutieren will, weil der angeblich stigmatisiere, verweigert sich dem eigentlichen, schwerwiegenden Problem: patriarchalische Großfamilien, die unserem Rechtsstaat den Mittelfinger zeigen.

Wahrheiten zu verdrängen, indem man die Kunst des Schönredens anwendet, hat Probleme noch nie gelöst, sondern verfestigt. Bleiben wir beim Beispiel der Clan-Kriminalität. Jahrzehntelang hat man lieber nicht so genau hingeschaut. Auch nicht, als längst schon die Rede von „No-go-Areas" war. Die Angst, eine Rassismusdebatte am Hals zu haben, war bei einigen Verantwortlichen offenbar zu groß. Die Folgen sind inzwischen jedem bekannt. Clan-Kriminalität ist in vielen Großstädten zu einem echten Problem geworden, weswegen einige Länder inzwischen dazu übergegangen sind, spezielle Lageberichte zu erstellen.

Zu diesen Ländern zählt unter anderem Nordrhein-Westfalen, wo in einem Lagebild zur Clan-Kriminalität des Landeskriminalamtes insgesamt über 100 Clans identifiziert wurden. Ihnen sind rund 14.000 Straftaten zuzuschreiben, die in einem Zeitrahmen von Anfang 2016 bis Ende 2018 erfasst wurden. Der Lagebericht 2019 verzeichnete mehr als 110 aktive Clans, die in jenem Jahr ca. 6000 Straftaten begangen hatten. Das entspricht einem Straftatenplus von mehr als zehn Prozent gegenüber dem Vorjahr. Mit dem Lagebericht von 2020 begannen die Zahlen langsam zu sinken. Eine gute Nachricht! Sicher ist jedoch, es wird noch einen langen Atem benötigen – weil die Politik zu lange weggeschaut hat.

Fehler, die wir in der Vergangenheit im Umgang mit Clan-Kriminalität gemacht haben, werden im Umgang mit dem Antisemitismus wiederholt. Dass dieser sehr oft von rechtsradikaler Seite kommt, wird offen und klar kommuniziert und ist auch richtig. Aber Antisemitismus aus linksradikalen oder gar muslimischen Milieus? Da tun sich manche schwer. Es ist halt unbequem, wenn die gewohnten Opfer-Täter-Schemata nicht mehr passen. Eine unbequeme Wahrheit lautet, dass muslimischer Antisemitismus keine Randerscheinung mehr ist. Er wurde nicht nur durch Zuwanderung aus den Krisenstaaten des Nahen Ostens befeuert, sondern auch durch einen türkischen Nationalismus, der sich manchmal auch bei jenen Türkischstämmigen ausbreitet, die in Deutschland aufgewachsen sind.

Dabei lässt sich Deutschland eigentlich nicht lumpen: Wir bieten Sprach- und Integrationskurse sowie umfassende soziale Leistungen. Auf der Deutschen Islam Konferenz wird mit den islamischen Verbänden darüber debattiert, wie muslimisches Leben in Deutschland unterstützt werden kann. Trotzdem wird wiederholt auch in deutschen Moscheen gegen Juden und

Christen, gegen den Westen und gegen unsere deutsche Gesellschafts- und Verfassungsordnung gehetzt. Irgendetwas läuft da schief. Und es sieht so aus, als seien einige islamische Verbände nicht Teil der Lösung, sondern des Problems.

Da hilft nur eins: Staatliche Kooperationen mit Verbänden und Organisationen, die nicht eindeutig auf dem Boden unserer verfassungsrechtlichen Ordnung stehen, müssen beendet werden. Ansonsten passiert genau das Gegenteil: Der politische Islam wird stark und hoffähig gemacht. Seine Gefährlichkeit ist nicht zu unterschätzen, denn seine Vertreter passen sich äußerlich an, um verborgen ihr zerstörerisches Werk zu tun. Ihr Ziel ist eine islamische Gesellschaft, in der unsere demokratischen und freiheitlichen Errungenschaften keinen Platz mehr hätten. Daher ist es richtig, dass der ehemalige Bundesinnenminister Horst Seehofer im Jahr 2021 einen Expertenkreis einberufen hat, der das chamäleonartige Erscheinungsbild des politischen Islams wissenschaftlich analysieren und Handlungsempfehlungen erarbeiten soll. Aber ob es jemals zu einem Ergebnis kommen wird, steht in den Sternen. Denn die Ampelkoalition konnte kein Bekenntnis dazu ablegen, den Expertenkreis Politischer Islamismus weiterarbeiten zu lassen.

Genaueres Hinsehen bei der Auswahl der Kooperationspartner wird nicht reichen. Antisemitismus ist ein Indiz für den Zustand der demokratischen Verfasstheit einer Gesellschaft und muss daher energisch bekämpft werden. Eine konsequente Anwendung dessen, was strafrechtlich bereits möglich ist, sollte selbstverständlich sein. Zusätzlich braucht es weitere Maßnahmen wie etwa Verschärfungen im Aufenthalts- und Staatsangehörigkeitsrecht, um Zugewanderten, die antisemitisch auffällig werden, die rote Karte zeigen zu können.

Und: Es muss verstärkt auf das geschaut werden, was an unseren Schulen geschieht. Wenn dort „Du Jude" immer häufiger zum Schimpfwort wird, ist davon auszugehen, dass Kinder in ihrem privaten Umfeld mit antisemitischem und extremistischem Gedankengut in Kontakt kommen. Daher braucht es erstens eine Meldepflicht von antisemitischen Vorkommnissen an Schulen und zweitens den Einsatz von Präventions- und Deradikalisierungsspezialisten, die auch in die Familien der auffälligen Kinder gehen. Wo sich Familien verweigern, müssen Sozialleistungen gekürzt und Bußgelder verhängt werden.

Kurzum: Unser freiheitlich-demokratischer Staat muss wehrhaft sein. Er darf sich von Kriminellen und Verfassungsfeinden nicht an der Nase herumführen lassen, sondern muss sich Respekt verschaffen. Und zwar durch die konsequente Durchsetzung seiner Rechtsordnung.

Wenn es uns gelingt, zuverlässig Parkvergehen und Steuersünden zu ahnden, muss das auch für antisemitische Straftaten und Körperverletzungen möglich sein. Wer eine Straftat begeht, muss die volle Härte des Gesetzes spüren. Kein Verbrecher darf mehr aus der Untersuchungshaft entlassen werden, weil die Verfahren zu lange dauern. Und wer einen jugendlichen Gewalttäter zwei Jahre auf ein Urteil warten lässt, ebnet höchstens den Weg in eine kriminelle Karriere. Die Devise gegenüber Straftätern muss lauten: Null Toleranz!

Der Staat ist keine Bestellplattform: Ein Gesellschaftsjahr einführen

Oft erinnere ich mich – gerade angesichts des neuen Krieges in Europa – an meine persönlichen Erfahrungen während der Oderflut 1997. Damals absolvierte ich meinen Wehrdienst, als der Ruf nach Unterstützung kam. Mit vielen anderen Soldaten machte ich mich auf den Weg ins Katastrophengebiet. Tage- und nächtelang wuchteten wir Sandsäcke. Ich erinnere mich noch, wie kräftezehrend diese Tätigkeit war. Aber ich weiß auch, dass die gemeinsame Anstrengung etwas im positiven Sinne mit uns machte. Kameraden aus allen Ecken Deutschlands und aus unterschiedlichen Milieus rauften sich zusammen, zogen an einem Strang. Aus einem bunten Haufen wurde eine eingeschworene Mannschaft, die gemeinsam für eine Sache eintrat und dafür alles gab.

Am Anfang nahm ich den Wehrdienst als eine Pflichtübung an, die ich schnell abhaken wollte. Doch spätestens mit diesem Einsatz änderte sich meine Einstellung. Ich habe in dieser Zeit zum ersten Mal am eigenen Leib erfahren, wie wichtig, ja überlebensnotwendig es für unsere Gesellschaft ist, dass man sich unterhakt. Ich habe gelernt, was Solidarität, Gemeinschaft und Zusammenhalt bedeuten. Ich kann heute mit Sicherheit sagen, dass diese Phase mit jedem Beteiligten etwas gemacht hat: Sie hat uns für das Leben stärker, aufgeschlossener und auch dankbarer gemacht. Ich habe in dieser Zeit auch zum ersten Mal begriffen, wie sinnstiftend es ist, sich nicht nur mit Worten, sondern auch mit Taten für andere Menschen einzusetzen. Das treibt mich bis heute an. Und auch wenn die Geschehnisse während der Oderflut gar nicht vergleichbar sind mit dem derzeitigen Leid in der Ukraine, so sehen wir doch gerade dort sehr eindrücklich, welche Kräfte Zusammenhalt freisetzt.

Fakt ist, dass wir in einer Gesellschaft leben, in der zunehmend Fliehkräfte wirken. Die Digitalisierung mit ihren neuen Formen der Kommunikation führt zu neuen Formen der Lebensführung. Sie ermöglicht Kontakte über große Distanzen hinweg, sie macht die Welt zu einem Dorf. Aber die Digitalisierung verführt gleichzeitig zu einem physischen Rückzug in die eigenen vier Wände und – damit einhergehend – eigene Gedankenwelten. Das Tor zur Welt öffnet sich nur noch auf unseren Wunsch hin – und nur für diejenigen, denen wir Zutritt gewähren wollen. Dadurch nehmen Offenheit und Toleranz gegenüber anderen Meinungen ab. Die Wahrnehmung von Argumenten, die den eigenen Ansichten zuwiderlaufen, wird vielen lästig. Am Ende tauschen wir uns nur noch dort aus, wo wir uns in unserer eigenen Meinung bestärkt sehen. Andere Lebenswirklichkeiten blenden wir aus, und dann schnappt die Falle zu: Wir glauben, nur da, wo wir sind, gebe es Wirklichkeit und Wahrheit.

Richtig schwierig wird es, wenn unsere Wirklichkeiten gleichzeitig pluralistischer werden, etwa durch starke Zuwanderung aus anderen Kulturkreisen. Ein solcher Pluralismus kann für eine Gesellschaft bereichernd sein, aber auch belastend. Denn wo Menschen mit unterschiedlichen Werten und Lebensvorstellungen zusammenleben, lassen Bindekräfte nach und Konflikte treten auf.

Wir benötigen daher ein gemeinsames Fundament, das die Gesellschaft trägt und Vertrauen schafft. Letzteres ist auch Grundvoraussetzung für einen leistungsfähigen Sozialstaat. Aber wie lässt sich ein solches Fundament aufbauen? Wie kann eine pluralistischere Gesellschaft immer wieder Gemeinsamkeiten finden?

Der Schlüssel sind für mich die Kräfte, die sich entfalten, wenn Menschen ins Tun kommen, wenn sie neue Herausforderungen annehmen, wenn sie ihre bisherige Perspektive verlassen und Verständnis für die Lebenswirklichkeit anderer entwickeln. Daher plädiere ich für die Einführung eines allgemeinen, verpflichtenden Gesellschaftsjahres für alle Schulabgänger, das beispielsweise bei der Bundeswehr, beim Technischen Hilfswerk, bei der Feuerwehr, im Pflege- und Sozialbereich durchgeführt wird. Gerade mit Blick auf den Wert und den Zusammenhalt der Europäischen Union befürworte ich dabei ausdrücklich, dass der Dienst auch im europäischen Ausland abgeleistet werden kann. Perspektivisch sollten wir ein europäisches Gesellschaftsjahr in den Blick nehmen und eine Debatte darüber nicht scheuen.

Praktische Erfahrungen dieser Art sammeln hierzulande jetzt schon zahlreiche junge Menschen, die sich für ein Ehrenamt in ihrer Freizeit oder ein Freiwilliges Soziales Jahr entscheiden. Das ist bewundernswert. Junge Menschen müssen sich ausprobieren, eigene Grenzen erfahren, bewusst in Situationen hineingehen, die sie bisher nicht kannten, neue Fähigkeiten entdecken und die eigene Persönlichkeit entwickeln. Schule kann das nur in einem gewissen Rahmen leisten. Im praktischen Tun jedoch übernehmen wir Verantwortung für uns und die uns anvertrauten Aufgaben, werden dadurch selbstständiger und lernen: Wer beiträgt zum Wohlergehen anderer, erlebt den eigenen Wert für das Leben anderer. Zahlreiche Studien belegen, dass diese Menschen gesünder, aktiver und erfolgreicher sind als andere.

Eine Studie der Wiener Wirtschaftsuniversität von 2019 kommt zu dem Schluss, dass es bei den Zivildienstleistenden in Österreich zu einer Veränderung in ihrer Einstellung zu sozialen und gesellschaftspolitischen Fragen sowie zu einem besseren Verständnis für Probleme benachteiligter Gruppen kommt. Eine Studie der Bertelsmann Stiftung aus dem Jahr 2020 zieht sogar das Fazit: Eine gute und breite Einbindung erhöht die Krisenresilienz einer Gesellschaft.

Ein allgemeines Gesellschaftsjahr für junge Menschen wäre ein kraftvolles Instrument, um der zunehmenden Anonymität und Polarisierung entgegenzuwirken. Wir würden als Staat zeigen, für welche Kultur und welches Miteinander wir stehen. Wir würden damit entscheidende Weichen stellen für sozialen Frieden, Toleranz, Sinnstiftung und gesellschaftlichen Zusammenhalt. Wir würden als Staat wieder verdeutlichen, dass sich unsere Bürgerpflichten in einer modernen Gesellschaft nicht darin erschöpfen, Steuern zu zahlen und Gesetze einzuhalten. Wir würden klarmachen, dass unser Staat keine Bestellplattform ist, sondern dass unser demokratisches Gemeinwesen auf das Engagement aller angewiesen ist.

Oft habe ich gehört, junge Menschen hätten durch die Coronapandemie genügend Lasten geschultert. Sie dürften in keine weitere Pflicht genommen werden, sondern müssten nun dringend in ihre Freiheit entlassen werden. Was stimmt: Die Pandemiejahre waren eine Zumutung – insbesondere für Kinder und Jugendliche. Es ist gerade in ihrem Sinn dringend notwendig, die Lehren aus den hinter uns liegenden Jahren zu ziehen und pandemische Maßnahmen zum Schutz von Gesundheit künftig viel stärker ganzheitlich auszulegen.

Ich glaube aber eben nicht daran, dass unbedingte Individualität und Unabhängigkeit uns auf Dauer ein zufriedeneres Leben bescheren. Ein Gesellschaftsjahr ist weder eine Strafe, noch handelt es sich um Zwangsarbeit. Frankreich hat mit dem Service Nationale eine allgemeine Dienstpflicht eingeführt. Zahlreiche europäische Länder halten an der Wehrpflicht fest oder haben sie wieder eingeführt. Ein Gesellschaftsjahr setzt den schulischen Bildungsweg auf der Erfahrungsebene fort, um auf diese Weise zu mehr Gemeinschaftssinn, sozialer Kompetenz und eigener innerer Stabilität beizutragen.

Der Vorteil eines allgemeinen, verpflichtenden gegenüber einem freiwilligen Gesellschaftsjahr besteht darin, dass wir nur so auch diejenigen Jugendlichen erreichen können, die von einem solchen Dienst besonders profitieren könnten. Etwa junge Menschen, die sich wegen ihres sozialen Umfeldes oder auch aufgrund ihres Migrationshintergrundes ausgeschlossen fühlen und mit unserer Gesellschaft hadern. Mit einem freiwilligen Dienst erreichen wir eher diejenigen, die längst wissen, dass sie durch ihr Tun einen Wert schaffen. Wir müssen jedoch gerade diejenigen erreichen, die genau das noch nicht wissen.

Eine allgemeine Dienstpflicht wäre nur durch eine Grundgesetzänderung umsetzbar. Dabei steht das Recht auf Freiheit, das in unserem Grundgesetz verankert ist, nicht zur Disposition. Jedoch bedeutet Freiheit für mich mehr als individuelle Freizügigkeit. Die Freiheit des Einzelnen können wir auf Dauer nur im Rahmen von gesellschaftlichem Frieden und demokratischen Werten gewährleisten. Beidem kann ein allgemeines Gesellschaftsjahr dienen.

Europa fit für den Systemwettbewerb machen: Die EU auf Kernaufgaben konzentrieren und einen Markt der Freiheit schaffen

Peter Altmaier hatte geladen – zum Abendessen. Mehr als zehn Jahre ist das nun her. Es ging wieder mal um einen der Euro-Rettungsschirme. Es gab Kartoffelauflauf. Der ehemalige Wirtschaftsminister kochte immer selbst, wenn ich bei ihm zu Hause war. An jenem Abend waren wir zu siebt: Peter Altmaier und sechs sogenannte „Abweichler". Wir sechs hatten eine andere Meinung als die Fraktion und lehnten die sogenannte Rettungsschirmpolitik der Bundesregierung ab.

In seiner damaligen Funktion als Parlamentarischer Geschäftsführer wollte Peter Altmaier beim Abendessen mit uns über unser Abstimmungsverhalten sprechen. Das war sein Job. Schließlich hatte die Fraktion in der damaligen schwarz-gelben Koalition nur eine hauchdünne Mehrheit und die musste er zusammenhalten. Umso wichtiger war das Treffen mit uns.

An dem Abend wurde hart, aber fair diskutiert. Das war völlig okay. Nicht okay war, dass uns andere als Europagegner verunglimpften. Das Gegenteil war und ist richtig: Ich bin Europäer durch und durch. Gerade deswegen will ich, dass beispielsweise jedes Land für seine eigenen Schulden selbst einsteht. So haben es die Gründerväter der EU immer vorgesehen und in den Verträgen verankert.

Leider wurden die gemeinsam festgelegten Schuldenregeln, die sogenannten Maastricht-Kriterien, ein ums andere Mal gebrochen. Und eine Währungsunion, die sich auf Regeln ohne wirksame Sanktionen verlässt, funktioniert so wenig wie ein Fußballspiel ohne gelbe und rote Karten. Die Rettungspakete wurden immer größer. So wuchsen in dieser Krise nicht nur die Schuldenstände, sondern ebenso Misstrauen und Missgunst.

Diesen Weg der gemeinsamen Geldtöpfe ging die EU weiter. Im Jahr 2021 brachte sie einen 750 Milliarden Euro schweren Wiederaufbaufonds auf den Weg. Die Gelder sollen zum ökologischen und digitalen Wandel beitragen, ohne dass klar ist, wo genau der Mehrwert für die EU liegt und wer die aufgenommenen neuen Schulden zurückzahlt. Offiziell heißt es, dass die Länder für die Rückzahlung bis 2058 Zeit haben. Wer so lange Fristen setzt, braucht sich nicht wundern, wenn diese nicht eingehalten werden. Und die verantwortlichen Politiker sind dann auch nicht mehr im Amt.

Manchmal habe ich das Gefühl, dass man als „großer Europäer" immer dann gilt, wenn man nach mehr Transfers und mehr gemeinsamer Haftung ruft. Doch genau diese Haltung ist meines Erachtens die größte Gefahr für das Friedens- und Wohlstandsprojekt Europäische Union. Wir brauchen nicht pauschal immer mehr Europa, sondern ein besseres Europa. Doch wie sieht das genau aus?

Erfolgreich ist die EU immer dann, wenn sie ohne Wenn und Aber das Subsidiaritätsprinzip anwendet, also sich ausschließlich auf Herausforderungen konzentriert, die nationalstaatlich nicht oder nicht so gut gelöst werden können. Oder andersrum formuliert: Es braucht jetzt eine offene Debatte, die sich auf den europäischen Mehrwert konzentriert. Alle anderen Aufgaben müssen konsequent auf die unteren Ebenen verlagert werden. Eine Vergemeinschaftung von Staatsschulden muss rigoros abgelehnt werden. Aber der Reihe nach.

Zunächst zum europäischen Mehrwert. Um den Mehrwert zu finden, sollte die EU den Blick stärker von innen nach außen richten. Denn dort kann sie ihre Stärken voll ausspielen: bei der Sicherheits- und Verteidigungspolitik, beim Klimawandel, bei der Erschließung neuer Märkte oder im Umgang mit einem hohen Migrationsdruck.

Gleichzeitig sollte die EU überall dort, wo sie es nicht besser kann und nicht besser weiß als die Mitgliedsstaaten, Kompetenzen wieder abgeben bzw. gar nicht erst einfordern. Die Arbeits- und Sozialpolitik ist so ein Beispiel, etwa die Rufe nach einer Zusammenlegung der nationalen Sozialversicherungen. Das wird offenkundig in die Irre führen. Gemeinsame Sozialversicherungen wären letztlich nur weitere Transfermechanismen.

Wir befinden uns weltweit in einem Wettbewerb der Systeme, wie wir ihn noch nie gesehen haben. Laut Transformationsindex der Bertelsmann Stiftung gab es 2020 mehr autokratische als demokratische Staaten. Die Stiftung spricht von einer „schleichenden Autokratisierung". Dies bestätigt ein Bericht bei *Welt online* vom 30. Juli 2022, der Bezug auf eine Untersuchung von Politologen der Universität Göteborg nimmt. Dieser zufolge betrug im Jahr 2011 der Anteil der Autokratien 49 Prozent, im Jahr 2021 bereits 70 Prozent.

Vor allem muss Europa eine China-Strategie entwickeln, die entschieden Reziprozität einfordert. Einfach formuliert: Das, was die Chinesen bei uns dürfen, sollten wir auch in China dürfen. Es kann nicht sein, dass die Chinesen sich in Europa an Ausschreibungen beteiligen dürfen, Brücken und Straßen bauen – wir aber nicht in China. Auch kann es nicht sein, dass die Chinesen in Deutschland mittelständische Betriebe kaufen können, während ein Deutscher in China häufig einen chinesischen Partner braucht.

Darüber hinaus fordert der Vorsitzende der Ludwig Erhard Stiftung, Roland Koch, einen „Markt der Freiheit". Weil die EU nicht unzählige Mitgliedsstaaten aufnehmen kann, müsse die wirtschaftliche Erweiterung außerhalb der EU in Angriff genommen werden. Europa müsse den traditionellen Gedanken des Europäischen Wirtschaftsraums wieder aufnehmen und eine europäische Freihandelszone schaffen, die unter rein ökonomischen Aspekten weit ausgreifen und etwa Großbritannien, Ukraine, Türkei, Israel und irgendwann auch Nordafrika einbeziehen kann.

Wenn die EU erfolgreich sein wolle, so Roland Koch, müssten perspektivisch auch andere Partner in der Welt wie Nord- und Südamerika, Japan oder die ASEAN-Gruppe, aber auch Indien und die Staaten des südlichen Afrikas – trotz aller Abhängigkeiten und Interessengegensätze – eingebunden werden.

Kurzum: Europa muss sich entschlossen gemeinsam mit weltweiten Partnern dem Wettbewerb der Systeme stellen. Es geht im Kern um die Frage: Gelingt es uns, eine geostrategische Gemeinschaft aufzubauen, die unseren freiheitlichen Geist für selbstbestimmte Gesellschaften und für freien Handel teilt? Oder setzen sich in Zukunft Autokratien durch, in denen Unterdrückung, Machtmissbrauch und Einschränkung von Meinungsfreiheit herrschen?

Bildung zu einer nationalen Aufgabe machen: Jedes Schulkind muss Deutsch können

Anfang 2021 machte eine Meldung die Runde, die mich aufhorchen ließ: Nicht einmal jeder zweite 15-Jährige in Deutschland sei dazu fähig, beim Lesen von Texten zwischen Fakten und Meinungen zu unterscheiden. So lautet das Ergebnis einer Pisa-Sonderauswertung mit dem Titel „Lesen im 21. Jahrhundert". Aber in Deutschland schien das niemanden so richtig zu interessieren. Vielen Medien war es höchstens eine Randnotiz wert. Vielleicht, weil wir uns an Meldungen dieser Art schon gewöhnt haben?

Tatsächlich war es nicht das erste Mal, dass Deutschland bei einer Schulstudie schlecht abschnitt. Seit Vorlage des Bildungstrends des Instituts zur Qualitätsentwicklung im Bildungswesen (IBQ) 2016 wissen wir, dass immer mehr Kinder und Jugendliche nicht ausreichend lesen, schreiben und rechnen können. Eine weitere Überprüfung des IBQ, die im Sommer 2021 durchgeführt wurde, hat ergeben, dass die Kompetenzen der Viertklässler in Deutsch und Mathematik seit 2016 nochmals deutlich gesunken sind. Und der deutsche Bildungsbericht 2020 stellt fest: Jedes fünfte Kind im Vorschulalter hat einen Sprachförderbedarf.

Dabei bildet gerade die Sprachkompetenz die Grundlage für die Entwicklung sozialer Kompetenzen und für die Teilhabe am sozialen und kulturellen Leben. Hier geht es nicht nur um individuelle Entwicklungschancen, sondern um die Zukunft unseres Landes. Wo sollen die gut ausgebildeten Fachkräfte und innovativen Unternehmer herkommen, die wir dringend benötigen, wenn nicht aus den Reihen der nachkommenden Generation?

Es gibt also genug Gründe gegenzusteuern. Und zwar ohne Scheuklappen. Von diesen scheinen wir in Deutschland aber gleich mehrere zu tragen, wenn es um den Aspekt „Migrationshintergrund" geht. Dabei sollten wir nicht leugnen: Wenn

Schulklassen durch Zuwanderung immer heterogener werden, wird eine gute Beschulung schwieriger und anspruchsvoller.

Auch durch die Flüchtlingskrise im Jahr 2015 ist der Anteil von Kindern mit Migrationshintergrund kontinuierlich gestiegen. Jedes vierte Kind im Vorschulalter hat inzwischen einen Migrationshintergrund. Im Schuljahr 2013/2014 war es noch jedes zehnte. Eine ähnliche Entwicklung lässt sich auch an unseren Grundschulen beobachten.

Beispiel Berlin: Die amtlichen Daten der Senatsverwaltung belegen, dass rund 45 Prozent der Grundschüler in die Kategorie „nichtdeutsche Herkunftssprache" fallen. Hinzu kommt, dass diese Kinder nicht gleichmäßig über das Stadtgebiet verteilt sind. In sogenannten „Brennpunktschulen" wird nicht selten die 90-Prozent-Marke geknackt. Dort gibt es Schulklassen, in denen man Kinder mit deutscher Herkunft an einer Hand abzählen kann.

Wie sollen Kinder unsere Sprache erlernen, wenn sie nur sporadisch damit in Berührung kommen? Wie sollen die Potenziale, die in ihnen schlummern, zur Entfaltung kommen? Und wie sollen diese Kinder eines Tages auf unserem Arbeitsmarkt Fuß fassen können? Ausbildungsbetriebe klagen schon seit Jahren, dass immer mehr Schulabgänger über unzureichende Deutsch- und Mathekenntnisse verfügen.

Ein Wort zur Schulabbrecherquote: Hier sollten wir uns die durch die in der Coronapandemie plötzlich gesunkenen Zahlen nicht täuschen lassen. In der Krise wurden Prüfungen nicht so durchgeführt wie sonst, einige Länder schafften das „Sitzenbleiben" vorübergehend ab. Näher an der Wahrheit liegt vermutlich die Zahl des Statistischen Bundesamtes für die Jahre 2019 und 2020. In beiden Jahren lag die Schulabbrecherquote bei

6,8 Prozent. Und wenn man sich den Bildungsmonitor 2019 anschaut, dürfte davon ein nicht geringer Anteil einen Migrationshintergrund haben. Im Jahr 2017 hat aus diesem Personenkreis fast jeder Fünfte keinen Schulabschluss geschafft.

Zudem gibt es jetzt die ersten Hinweise darauf, wie die Schulschließungen in der Coronakrise zu Buche schlagen. Insbesondere die Schwächsten droht es hier besonders getroffen zu haben, nämlich Grundschüler, die noch besonders auf Anleitung und auch Motivation angewiesen sind, diese aber aufgrund der familiären Situation nicht bekommen konnten. Laut einer Studie des Instituts für Schulentwicklungsforschung der Universität Dortmund, die im Frühjahr 2022 veröffentlicht wurde, sind die Lesekompetenzen von Viertklässlern alarmierend. Bei allen Schülerinnen und Schülern seien deutliche Verschlechterungen festzustellen, fast ein Drittel der Kinder könne – und das am Übergang zu einer weiterführenden Schule – nur noch schwach bis sehr schwach lesen.

Kinder sind unsere Zukunft. So heißt es seit Jahren unisono und auch richtig. Aber warum versäumen wir es trotzdem Jahr um Jahr, unseren Kindern die bestmöglichen Chancen zu geben? Wie sollen diese vernachlässigten Kinder unser Land in eine Zukunft führen? Die Probleme sind nicht neu, aber offenbar finden wir in unserem vielgerühmten Bildungsföderalismus keinen Weg aus der Misere. Das liegt weniger am Föderalismus als am nicht funktionierenden Wettbewerb. Seit Jahren wird von der Notwendigkeit einheitlicher Bildungsstandards gesprochen, aber unser Land kommt nicht richtig voran.

Schauen wir dazu nochmals auf das Problem der zum Teil völlig unzureichenden Sprachkenntnisse von Kindern im Grundschulalter. In vielen Bundesländern werden inzwischen

Spracherhebungen im Vorschulbereich durchgeführt. Aber dabei werden so viele unterschiedliche Modelle und Konzepte angewendet, dass ein objektiver Vergleich nahezu unmöglich wird. Es gibt auch keine einheitlichen Vorgaben dafür, was mit den Kindern geschehen muss, die durch unzureichende Sprachkenntnisse auffallen.

Ich bin fest davon überzeugt: Bildungspolitik muss zu einer nationalen Aufgabe werden. Es reicht nicht mehr, dass an allen Ecken und Kanten geflickt und repariert wird. Das gesamte System muss endlich auf eine solide Basis gestellt werden. Dazu gehören klare, bundesweit einheitliche Regeln für den Primarbereich: Jedes Kind, das eingeschult wird, muss sich auf Deutsch verständigen können. Daher braucht es verpflichtende Sprachtests für Kinder ab spätestens vier Jahren, basierend auf bundesweit gültigen Standards.

Kinder, die bei diesen Tests nicht bestehen, müssen zum Besuch einer Kita oder einer Vorschule mit Sprachförderung verpflichtet werden. Sollte ein Kind trotz dieser Maßnahmen vor Grundschulbeginn noch immer nicht über die notwendigen Sprachkenntnisse verfügen, muss auch eine Rückstellung möglich werden. „Ehrenrunden" sind kein Makel, sondern eine Chance. Einige Bundesländer wie etwa Bayern und Hessen gehen bereits mit gutem Beispiel voran.

Was wir jetzt brauchen, ist ein großer Wurf. Kinder sind unsere Zukunft. Und zwar alle. Egal, ob mit Migrationshintergrund oder ohne. Egal, ob aus einem bildungsaffinen Elternhaus stammend oder aus einem bildungsfernen. Der Satz, dass kein Kind zurückgelassen werden soll, ist berechtigter denn je. Aber auch anspruchsvoller denn je.

Weniger Beamte!
Beamtenstatus auf hoheitliche Aufgaben beschränken

Vielleicht erinnern Sie sich? Wer vor 30 Jahren ein Paket losschicken wollte, musste zum Postamt. Dort nahm ein Beamter das Paket entgegen und verlangte eine Gebühr. Heute hat man die breite Auswahl, welcher Paketdienstleister zu Hause oder im Kiosk um die Ecke ein Paket entgegennimmt. Es ist online bezahlt und man kann auf dem Smartphone den Weg verfolgen – auch beim privatisierten Nachfolger der Deutschen Bundespost: der DHL.

Was für den Postbereich heute wie aus der Zeit des Schwarz-Weiß-Films wirkt, ist an anderer Stelle gang und gäbe: Zwar werden Gesetzesentwürfe in Ministerien längst auch von Angestellten entworfen, aber trotzdem besteht der Großteil des Apparats für dieselben Aufgaben aus Beamten. Die meisten Lehrer sind Beamte, daneben gibt es aber ebenso angestellte Lehrer – etwa an privaten, gemeinnützigen und auch an staatlichen Schulen.

In Zahlen ausgedrückt liest sich das wie folgt: Es gibt 1,7 Millionen Beamte in Deutschland. Aber sie machen nur 35 Prozent des öffentlichen Dienstes aus. Die Mehrheit der Beschäftigten, die staatliche Aufgaben wahrnehmen, ist angestellt, zum Teil in denselben Abteilungen mit Beamten am Schreibtisch gegenüber. Das kann für den angestellten Büronachbarn ziemlich frustrierend sein, denn der Beamte ist ihm gegenüber deutlich privilegiert: weitgehender Kündigungsschutz, eine staatlich bezuschusste private Krankenversicherung, eine deutlich höhere Altersversorgung.

Warum existiert dieses seltsame Nebeneinander? Der springende Punkt ist häufig die Altersvorsorge. Sie ist nicht nur für den Beamten attraktiv, sondern auch für den Dienstherren. Er spart Sozialbeiträge. Dass er die gesparten Sozialbeiträge eigentlich für die zukünftigen Pensionszahlungen zur Seite legen sollte, wird dabei häufig ignoriert. Deswegen gibt es bei dem Ganzen einen großen Verlierer: die zukünftigen Steuerzahler. Für sie bedeutet das eine erhebliche Freiheitseinschränkung, die nach den neusten Maßstäben des Bundesverfassungsgerichts sogar grundgesetzwidrig sein könnte.

Die Pensionslasten von Bund, Ländern und Gemeinden für die aktuell rund 1,7 Millionen Pensionäre summieren sich schon heute auf über 80 Milliarden Euro pro Jahr. Und es kommt noch dicker: Rechnet man auch zukünftige Pensions- und Beihilfeansprüche hinzu, beläuft sich die Summe für die derzeitigen Pensionäre und die aktiven Beamten zusammen auf sagenhafte 3,3 Billionen Euro, die von den künftigen Steuerzahlern aufgebracht werden müssen. Nur für einen kleinen Teil davon gibt es Rückstellungen in den Haushalten. Der Befund ist bitter: Wir haben auch hier Jahrzehnte auf Kosten unserer Kinder gelebt.

Für welche Bereiche brauchen wir überhaupt noch das Beamtenverhältnis? Meiner Meinung nach müssen wir den Beamtenstatus auf hoheitliche Aufgaben beschränken. Bereiche, die sicherheitsrelevant sind oder besonders korruptionsgeschützt werden müssen: Sicherheitsbehörden, Justiz, Finanzverwaltung und Bundeswehr. Hier existiert fraglos ein besonderes Treueverhältnis zum Staat. In den anderen Aufgaben des öffentlichen Dienstes arbeiten jetzt schon Angestellte. Hier sollte man komplett auf Angestellte umstellen.

Darüber hinaus sollte in den Ministerien nur noch eine Stelle neu besetzt werden, wenn zuvor zwei Stellen weggefallen sind. Hier muss dringend etwas passieren. Denn es kann nicht sein, dass allein die jährlichen Personalausgaben des Bundes von 2012 bis 2021 laut Steuerzahlerbund um etwa neun Milliarden Euro auf über 36 Milliarden Euro angestiegen sind. Die Zahl der Stellen in den Ministerien stieg in der gleichen Zeit um knapp 60 Prozent auf fast 29.000 an. Die Ampelregierung sattelt nochmals drauf: von den 416 Ampelabgeordneten im Bundestag haben 49 ein Regierungsamt – so viel wie nie zuvor. Mit anderen Worten: Jeder zehnte Abgeordnete aus der Regierungsfraktion bekleidet damit ein Regierungsamt – inklusive großzügigem Beamtenapparat.

Und wie verhält es sich mit den Pensionen? Zunächst sollten die Politikerpensionen gestrichen werden. Es gibt keinen vernünftigen Grund, warum wir Politiker nicht selbst für unser Alter vorsorgen können. In einigen Bundesländern geht man bereits mit gutem Beispiel voran.

Und: In den besonders sensiblen hoheitlichen Bereichen sollte der Staat erst dann verbeamten, wenn eine versicherungsmathematisch korrekte, testierte und politisch unantastbare Pensionsrückstellung gebildet wird. Damit bekommt jeder Beamte im aktuellen Haushalt ein ehrliches „Preisschild". Die Politik kann so die Kosten nicht mehr verschleiern, indem sie sie in die Zukunft verlagert. Die Rückstellungen sollten vor dem Zugriff der Politik gesichert werden, indem die Pflicht ins Grundgesetz geschrieben und die Verwaltung der Rückstellungen zum Beispiel in die Hände der Bundesbank gegeben wird.

Diese Diskussion mag unbequem sein, aber wir müssen sie nicht zuletzt aus Gründen der Generationengerechtigkeit führen. Und bevor die Frage aufkommt: Für alle bestehenden Beamtenverhältnisse gilt Bestandsschutz. Das ist verfassungsrechtlich geboten.

Aber natürlich können wir für die Zukunft neue Regeln aufstellen. Und wer jetzt sagt, dass das nicht geht, dem empfehle ich einen Blick in die Schweiz. Dort ist der Beamtenstatus seit vielen Jahren weitgehend abgeschafft. Nur noch in sicherheitsrelevanten und hoheitlichen Bereichen wie Polizei und Justiz gibt es Beamte. Und mir ist nicht bekannt, dass die Verwaltung und die öffentlichen Dienstleistungen in der Schweiz seither schlechter laufen als in Deutschland. Im Gegenteil.

Staatsgläubigkeit wieder ablegen: Staatsbeteiligungen beschränken

Im März 2020, als Deutschland erstmals in den Lockdown ging, rief mich ein völlig verzweifelter Schausteller an. Er war hörbar alkoholisiert und hatte nackte Angst um seine Existenz. Das Gespräch ging mir seitdem nicht aus dem Kopf. In den darauffolgenden Wochen führten wir Abgeordnete Tausende ähnliche Gespräche mit Betroffenen. Auch meine Kolleginnen und Kollegen ließen diese Schicksale nicht kalt.

Entsprechend unterstützten wir wichtige Hilfen, die die Regierung auf den Weg gebracht hatte: Soforthilfen, Überbrückungshilfen, Kurzarbeitergeld und vieles mehr. Dreistellige Milliardenbeträge wurden so in Deutschland in der Coronakrise ausgezahlt. Das war zum größten Teil gut investiertes Geld. Trotzdem müssen wir verdammt aufpassen, dass wir nicht das Gefühl für Geld verlieren. Weil die Haushaltszwänge kaum noch gelten, werden die Summen immer größer. Redeten wir früher noch über Millionen, geht es heute um Milliarden. Wenn wir uns weiter in so einer „künstlichen" Ökonomie einrichten, dann ist die Schwelle von der Marktwirtschaft in die Staatswirtschaft schnell überschritten.

Um nur einige Beispiele aus der Zeit der Coronakrise zu nennen: Am klarsten zeigte sich das am zunehmend sorglosen Umgang mit Staatsbeteiligungen. Für die Beteiligung an der Lufthansa gab es noch einen guten Grund. Mit ihren Start- und Landerechten gehört sie zur kritischen Verkehrsinfrastruktur in Deutschland. Schwerer fällt es mir zu akzeptieren, dass sich der Staat am Impfstoffhersteller CureVac beteiligt hat. Bis heute hat mir noch niemand einen vernünftigen Grund genannt. Das Unternehmen war so gesund, dass es nur zwei Monate nach dem Staatseinstieg an die Börse ging – übrigens nicht in Frankfurt, sondern in New York. Warum braucht es dann überhaupt den Staat? Welche Kriterien waren für die Beteiligungen maßgeblich? Warum gerade CureVac und nicht ein Konkurrent wie zum Beispiel Biontech? Das wirkt auf mich alles ziemlich willkürlich.

An Willkür bei Staatsbeteiligungen dürfen wir uns nicht gewöhnen. Es darf nicht normal werden, dass der Staat vom Schiedsrichter und Regelsetzer zum Mitspieler wird, der selbst ins Geschehen eingreift. Mit einem fairen Spiel hat das jedenfalls nichts mehr zu tun.

Und wie schwer es ist, aus Staatsbeteiligungen wieder auszusteigen, zeigt der Fall der Commerzbank. Was als vorübergehende Rettungsaktion in der Finanzkrise begann, ist mehr als zwölf Jahre später zu einer teuren Hängepartie geworden. Ein Ausstieg ist nicht in Sicht. Das scheint jedoch kaum jemanden zu stören. Denn seit Corona gibt es eine neue „Geld ist genug da"-Mentalität. Mit dem Virus breitete sich auch der Glaube an die Allmacht des Staates aus. In der Pandemie hat sich eine neue Staatsgläubigkeit breitgemacht.

Nach vielen Monaten und Jahren Pandemie müssen wir aber feststellen, dass der Staat eben nicht allmächtig ist. Er hat vielfach enttäuscht. In der Pandemie hat sein Beschaffungswesen eben nicht gut genug funktioniert, vom Impfen bis zum Testen. Bei den Impfstoffen hat der Staat an der falschen Stelle gespart, für Schutzmasken hat er wiederum zu viel bezahlt. Die Coronatests lagen längst in den Supermärkten, als die Schulen noch auf ihre erste Lieferung warteten.

Überall dort aber, wo der marktwirtschaftliche Wettbewerb wirkte, wurden die Erwartungen übertroffen. Impfstoffe wurden von privaten Unternehmen in Rekordtempo entwickelt, ebenso neue Testverfahren und Medikamente. Wo der Staat bei der Vergabe von Impfterminen auf Profis aus der Wirtschaft setzte, lief es meist reibungslos. Fehlte diese Unterstützung, blieb der Fortschritt als Papierstau im mittlerweile symbolischen Faxgerät deutscher Gesundheitsämter stecken.

Um es auf den Punkt zu bringen: Der Markt ist Politikern und Beamten dann überlegen, wenn innovative Lösungen gefragt sind. Denn in den marktwirtschaftlichen Wettbewerb bringen wir alle unser Wissen und unsere Ideen ein. Der Staat ist gefordert, für diesen Wettbewerb die Regeln zu setzen und auch durchzusetzen. Das kann er aber nur dann unparteiisch machen, wenn er nicht zugleich Mitspieler ist. Deshalb müssen wir das Thema Staatsbeteiligungen neu denken. Aus meiner Sicht müssen wir folgende Punkte umsetzen:

Neue Staatsbeteiligungen darf es erstens nur noch geben, wenn dies zum Schutz kritischer Infrastruktur und der nationalen Sicherheit notwendig ist. Anhand dieser Kriterien müssen zweitens alle bestehenden staatlichen Beteiligungen überprüft werden. Wenn eine Beteiligung diese Kriterien nicht erfüllt, muss der Staat sie innerhalb von vier Jahren verkaufen. Bei den verbleibenden Staatsbeteiligungen soll der Staat nur Profis für das jeweilige Geschäftsfeld in Aufsichtsräte entsenden. Das schließt Politiker aus. Politik wird in der Sozialen Marktwirtschaft immer noch in Plenarsälen gemacht, nicht in Aufsichtsräten.

Wir haben die Wahl: Wollen wir aus Deutschland eine staatliche Großbaustelle machen, wie beim Berliner Flughafen passiert? Oder soll Deutschland ein dynamischer Innovationsstandort für die Biontechs der Zukunft werden? Ich bin klar für Letzteres.

Mehr Information, weniger Verwaltung: Öffentlich-rechtlichen Rundfunk reformieren

Wer wissen will, wie es um die Zukunft des Fernsehens und der Medien bestellt ist, muss mit jungen Menschen sprechen. Während ich in meiner Kindheit noch mit meinen Eltern um jede Minute Sendezeit vor dem Fernseher im Wohnzimmer gerungen habe, winken heutige Schüler nur ab. Im Bundestag bekomme ich immer wieder Besuch von Schülergruppen. Wenn ich sie danach frage, ob sie noch Fernsehen schauen, melden sich meistens drei oder vier Schüler. Frage ich sie nach den öffentlich-rechtlichen Sendern, gehen noch weniger Hände nach oben. Aber nicht nur bei den ganz Jungen, auch in der werberelevanten Zielgruppe, also bei 14- bis 49-Jährigen, erreichen ARD, ZDF und Co. einstellige Marktanteile.

Woran könnte das liegen? An fehlenden Mitteln jedenfalls nicht. 2021 stiegen die Erträge aus dem Rundfunkbeitrag trotz Pandemie auf den Rekordwert von 8,4 Milliarden Euro. Das entspricht einem Plus von vier Prozent bzw. über 300 Millionen Euro im Vergleich zum Vorjahr. Damit leisten wir uns den teuersten öffentlich-rechtlichen Rundfunk der Welt.

Am fehlenden Angebot dürfte die gesunkene Nachfrage auch nicht liegen. So buhlen inzwischen 21 öffentlich-rechtliche TV-Sender um die Gunst der Zuschauer, von ARD-alpha bis ZDFneo. Auch die Zahl der beitragsfinanzierten Radiosender stieg deutlich an, von 58 im Jahr 2010 auf 73 im Jahr 2022. Alle Rundfunkanstalten verfügen über eigene Verwaltungen und Mehrfachstrukturen. Von den Olympischen Spielen berichten ARD und ZDF parallel mit eigenen Teams. Jede Radioanstalt verfügt über eigene Klassik-, Jugend- und Oldie-Sender, teils in mehrfacher Ausführung. Und das, obwohl auch das private Angebot im gleichen Zeitraum deutlich angestiegen ist und junge Leute längst mehr streamen als fernsehen.

Mit dem vom Bundesverfassungsgericht aus Art. 5 Abs. 1 Satz 2 Grundgesetz abgeleiteten Auftrag des Staates, den Bürgern eine mediale „Grundversorgung" zu gewährleisten, hat dies nicht mehr viel zu tun. Um nicht missverstanden zu werden: Es braucht unbedingt einen starken öffentlich-rechtlichen Rundfunk. Wir brauchen unabhängige Sender, die nicht nur möglichst hohe Quoten, sondern seriöse, ausgewogene und qualitativ hochwertige Inhalte zum Ziel haben. Der öffentlich-rechtliche Rundfunk ist für den demokratischen Diskurs, für Bildung und Teilhabe ungemein wichtig.

Dennoch muss die Frage erlaubt sein, ob es hierfür fast 100 eigener Sender bedarf, die zum Teil große Überschneidungen haben und auch zuweilen das Gleiche senden. Der mit Abstand größte Teil unserer Rundfunkbeiträge wird für Sportübertragungen, Filme und Serien verwendet. Ein bedeutend kleinerer Teil für Politik, Bildung und Kultur. Warum ist es nicht umgekehrt?

Die Mittelstandsunion, der ich von 2013 bis 2021 vorstand, hat deshalb einen umfangreichen Reformvorschlag gemacht: Das Informations-, Bildungs- und Kulturangebot sollte deutlich verbessert werden, unter anderem durch mehr Korrespondenten im In- und Ausland, durch eine Ausweitung der Regionalberichterstattung, durch mehr Dokumentationen und gern auch durch zusätzliche Live-Übertragungen von herausragenden Ereignissen. Auf der anderen Seite könnten Milliardenbeträge durch die Zusammenlegung von Anstalten, durch eine bessere Zusammenarbeit untereinander und eine Reduzierung des Unterhaltungsanteils eingespart werden. Unter dem Strich müssten die Beitragszahler mit dem Vorschlag deutlich weniger zahlen.

Was nach der Veröffentlichung der Reformideen damals folgte, war typisch für die Debattenkultur in Deutschland. Wahlweise wurde uns Populismus, Einschränkung der Meinungsvielfalt oder Anbiederung an die AfD vorgeworfen. Harmloser, aber ähnlich lähmend für das Land waren da noch die Hinweise, es gäbe doch wichtigere Themen als eine Rundfunkreform. Selbstverständlich gibt es wichtigere Themen, die gibt es immer.

Dennoch treibt der Rundfunk, der jeden Beitragszahler immerhin 220 Euro im Jahr kostet, viele Bürger um. Und das nicht erst seit der Affäre um die frühere RBB-Intendantin Patricia Schlesinger. Laut einer Umfrage des Marktforschungsinstituts INSA hielten Mitte 2021 rund 30 Prozent der Befragten die Öffentlich-Rechtlichen für parteiisch. In einer Civey-Umfrage sprachen sich Mitte 2022 sogar knapp 40 Prozent für eine Abschaffung des bisherigen Rundfunksystems aus. Wir dürfen dieses Thema also nicht den politischen Rändern überlassen, sondern müssen mutig eine echte Reform angehen. Ansonsten winken weiterhin nicht nur Schülergruppen, sondern weite Teile der Bevölkerung beim gebührenfinanzierten Rundfunk ab.

Nachtrag: Mehr Streitkultur wagen

Silvester ploppte eine „Eilmeldung" von *Focus online* auf meinem Handy auf. Ich dachte, was ist denn jetzt schon wieder passiert? Die Meldung, die dann folgte, war Pillepalle: „Die Silvester-Öffnungszeiten – bis wann Sie heute bei Aldi, Lidl, Rewe, Edeka und Co. einkaufen können."

Öffnungszeiten zu Silvester gehören in Deutschland mittlerweile zu „Eilmeldungen". Was zeigt uns das? Wir sind zum einen zu Getriebenen eines permanenten Informationsstroms mutiert. Jeder von uns entsperrt durchschnittlich 80 Mal am Tag das Handy. Der Neurologe Volker Busch formulierte es in seinem Buch „Kopf frei" mal treffend: „Der Dauerkonsum von digital vermittelten Informationen verstopft uns geistig zunehmend."

Andererseits zeigt die „Eilmeldung" auch, unter welchem Druck die Medien auf der Suche nach immer neuen Push-Nachrichten stehen. Und wir machen mit und drücken jeden Tag auf „senden" – bei welchem sozialen Netzwerk auch immer. Eigentlich ein Teufelskreis. Denn am Ende finden nur noch jene Gehör, die kalkuliert zuspitzen. So bleiben nur noch die Extrempole übrig. Die große Mitte aber driftet weg. Oder anders formuliert: Je lauter die Extrempole sind, desto weniger finden jene Gehör, die die eigentliche Mehrheit abbilden.

Auch das zeigte sich während der Pandemie deutlich. Irgendwie hörte man zu der Zeit in den Medien nur noch von Coronaleugnern oder von jenen, denen die Coronamaßnahmen nicht weit genug gehen. Komischerweise treffe ich im realen Leben aber meist die anderen, die genau „dazwischen" stehen. Das sind eigentlich alles Menschen, die Corona nicht leugnen, aber trotzdem mit ihrer Kritik Gehör finden wollen.

Beim Thema Migration war es noch schwieriger. In der Hochphase der Flüchtlingskrise in den Jahren 2015 und 2016 hatten zwar ganz viele eine vernünftige Position zwischen den beiden Polen „Grenzen auf" und „Grenzen dicht", doch selbst die gemäßigte Position der Mitte trauten sich viele nicht mehr offen zu äußern. Und so sind auch heute noch viele Menschen in Deutschland besorgt, dass unser Land in eine Situation wie im Jahr 2015 geraten könnte. Aber diese Sorge wird oftmals nur leise und hinter vorgehaltener Hand geäußert. Eine Bürgerin, mit der ich über die Probleme bei der Integration von jungen Männern aus patriarchalisch geprägten Ländern sprach, beendete ihre Gedanken mit den Worten: „Aber laut würde ich das nicht sagen. Sonst werde ich noch in die rechte Ecke gestellt." Eine Äußerung, die ich in den letzten Jahren immer wieder zu hören bekam.

Konrad Adenauer hat mal gesagt „Nehmen Sie die Menschen, wie sie sind, andere gibt's nicht." Recht hat er. Wenn Menschen Sorgen haben vor unkontrollierter Zuwanderung, dann ist es weder die Aufgabe von Politik noch von Medien, den Menschen diese Sorgen zu verbieten. Vielmehr muss gerade die Politik die Gründe für diese Sorgen ernst nehmen und darauf reagieren. Sie muss die Grenzen der Akzeptanz kennen und politische Angebote entwickeln, die diese Grenzen berücksichtigen.

Und wie lief es bei mir persönlich? Als ich 2009 zum ersten Mal in den Bundestag gewählt wurde, nahm ich mir vor, mich nicht verbiegen zu lassen. Ich wollte auch dann zu meiner Meinung stehen, wenn es unbequem wird. Niemals aber hätte ich gedacht, dass es nicht nur „unbequem", sondern auch unter die Gürtellinie gehen würde. Als ich in der Eurokrise die Rettungsschirmpolitik kritisierte und im Bundestag dagegen stimmte, wurde ich als EU-Gegner verunglimpft. Als ich forderte, dass jedes Kind vor dem Besuch der Grundschule die deutsche Sprache ausreichend beherrschen muss, beschimpfte man mich als Rassist. Und als ich in der Klimaschutzpolitik für einen europäischen und globalen Ansatz warb, bezeichnete man mich als „Klimabremser". In all diesen Fällen ging es nicht um die besten Sachargumente, sondern um die Diffamierung des Andersdenkenden.

Meine Erfahrung lässt sich wie folgt auf den Punkt bringen: Da, wo ich als Politiker Profil zeige, werde ich weniger mit Gegenargumenten als mit dem erhobenen Zeigefinger konfrontiert. Schlimmstenfalls wird man Opfer eines Shitstorms der Twitter-„Gemeinde". Es ist also kein Wunder, dass sich immer mehr Politiker aus allen Parteien diesem Druck zu entziehen suchen und sich unterordnen. Wir zensieren uns selbst, ziehen jedes Wort bewusst oder unbewusst durch den „Politisch korrekt"-Scanner oder ziehen uns ganz in die wohlige „Like-Glocke" bei Instagram zurück.

Kurzum: Es ist um die Streitkultur in Deutschland nicht gut bestellt. Die einen verschärfen ihre Tonlage. Die anderen hingegen trauen sich nicht mehr, ihre Meinung offen zu äußern. Da mittlerweile bereits Begriffe wie „Indianerhäuptling" und „Clan-Kriminalität" verdächtig sind, weil die Begriffe als diskriminierend und sogar rassistisch gewertet werden, ziehen sich immer mehr Menschen schweigend zurück. Nicht selten fühlt sich dann eine schweigende Mehrheit als Minderheit. Das Ergebnis: Die deutsche Gesellschaft verlernt mehr und mehr, respektvoll und sachorientiert über strittige Themen zu diskutieren.

Auch der Trend, jedes Wort unter die Lupe zu nehmen und alles, was nicht dem linken Mainstream entspricht, als rechts und böse abzustempeln, trägt Früchte. Diese hochgiftige Mischung aus Moralisierung, politischer Korrektheit und Sprachüberwachung führt zu einer immer stärkeren Polarisierung. Es bilden sich Lager, die sich unversöhnlich gegenüberstehen und die sich gegenseitig missachten. Der Andersdenkende ist hier viel zu oft der Gegner, der zerstört werden muss.

Beschimpfung statt Diskurs, Selbstgefälligkeit statt Offenheit, moralische Überhöhung statt sachliche Argumentation: Sieht so eine Gesellschaft aus, die sich selbst für tolerant und aufgeschlossen hält? Glaubt irgendjemand, dass wir auf diese Weise gesellschaftliche Gräben überwinden und hochkomplexe Herausforderungen meistern? Ich jedenfalls nicht.

Vielmehr droht uns mehr Unfreiheit und Unfrieden. Demokratie braucht die freie Rede, die freie Debatte. Moralisieren zerstört sie. Statt Hetze und Polarisierung weiter Nahrung zu geben, sollten alle, die sich als freiheitliche Demokraten verstehen, auf Deeskalation setzen und sich die Frage stellen, ob der oder die andere nicht auch recht haben könnte.

Übrigens wurde Ludwig Erhard 1977 kurz vor seinem Tod in einem Interview mit den *Lübecker Nachrichten* gefragt, was er sich zum 80. Geburtstag wünschen würde. Seine Antwort: „Ich würde mir wünschen, dass wir in unserem Lande wieder sachlich miteinander sprechen lernen, dass wir lernen, einander zuzuhören und aufeinander einzugehen, und dass anstelle von nur taktischen Überlegungen wieder die Wahrheit ihr Recht findet." Wahrscheinlich würde sich Erhard heute im Grab umdrehen, wenn er sehen könnte, wie es mittlerweile um die Streitkultur in Deutschland bestellt ist.

Umso eindringlicher mein Appell an alle Demokraten: Lassen Sie uns die Stärken der Demokratie nutzen! Die Vielfalt an Ideen und Vorschlägen, den Wettbewerb der Argumente und die Möglichkeit, Fehler zu erkennen und sie zu korrigieren. Sich auf andere Positionen einzulassen, strengt an, keine Frage. Aber unterschiedliche Positionen sind kein Unglück, sondern ein Glücksfall. Üben wir uns also wieder mehr in der Debatte: Sachlich und mit gegenseitigem Respekt.

Kapitel 5
In der Politik:
So stelle ich mir das vor!

Ich sitze beim Schreiben dieses Kapitels im ICE und schaue aus dem Fenster. Eine längere Zugstrecke liegt vor mir. Wann immer es geht, ziehe ich den Zug vor. Es ist einfach angenehmer und entspannter mit der Bahn. Im Jahr fahre ich bestimmt zwischen 70.000 und 100.000 Kilometer. Ich kenne quasi jeden Bahnhof, jede Bahnhofseinfahrt in Deutschland und darüber hinaus. Am liebsten fahre ich natürlich mit Zügen, die mich ohne Umsteigen direkt zum Ziel bringen. Das erspart mir den Stress mit den Anschlusszügen. Wenn ich dann doch mal einen Anschlusszug bekommen muss und ihn verpasse, hole ich tief Luft und sage mir, dass ich es jetzt nicht mehr ändern kann. Das musste ich lernen.

Anders erlebte ich es an einem Samstagvormittag im März 2022 auf dem Weg von Berlin nach München, als der Zug mitten in der Pampa zum Stillstand kam. „Personen im Gleis", ertönte es aus den Lautsprechern. Neben mir saß ein älteres Ehepaar, der Mann war außer sich. „Jedes Mal, wenn wir mit der Deutschen Bahn fahren, gibt es Probleme und Verspätungen. Das ist eine Katastrophe." Seine Frau versuchte ihn zu beruhigen, was jedoch nicht gelang. Das ganze Abteil bekam seine

Aufregung mit. Auf einmal schlossen sich andere Zuggäste dem erzürnten Mann an. Die Stimmung kippte.

Warum schreibe ich das? Weil ich jedes Mal nur den Kopf darüber schütteln kann, wenn bei Zugverspätungen oder ähnlichen Vorfällen von „Katastrophe" gesprochen wird. Geht's nicht eine Nummer kleiner? „Katastrophen" gibt es in Somalia, Afghanistan oder im Jemen, wo Hunger, Unterdrückung und Bürgerkrieg herrschen. Davon sind wir Lichtjahre entfernt.

Wir leben in einem Rechtsstaat. Recht wird gesprochen, unsere Gerichtsbarkeit steht nicht vor dem Zusammenbruch, Korruption hält sich in Grenzen, die innere Sicherheit ist in der Regel gewährleistet. Wenn ein Feuer ausbricht, eilt die Feuerwehr im Rekordtempo herbei. In Griechenland dauert das eine Ewigkeit, in Deutschland nur wenige Minuten. Erleidet jemand einen Herzinfarkt, ist der Notarzt zur Stelle und fährt den Patienten in ein nahe gelegenes Krankenhaus. Die Müllabfuhr hat die Abfallberge im Griff – Verhältnisse wie im Süden Italiens kennen wir zum Glück nicht. Wer einen neuen Pass braucht, bekommt ihn – wenn auch leider nicht umgehend. Die Straßen sind in der Regel befahrbar.

Warum habe ich dennoch dieses Buch geschrieben? Weil ich glaube, dass viele nicht verstanden haben, wie es derzeit um uns steht. Wir sind eines der höchstentwickelten und reichsten Länder der Welt, aber die Frage ist, wie lange noch. Es steht auf der Kippe, ob wir unseren Wohlstand behalten oder nicht. Und dabei kommt es derzeit (noch) vor allem auf uns selbst an.

Wenn wir diesen Kampf gegen uns selbst aber nicht gewinnen, werden wir in Deutschland und Europa nichts mehr entfesseln, nichts mehr erneuern, nirgendwohin mehr aufbrechen. Dann sind wir von der Gunst und dem Wohlwollen anderer abhängig – abhängiger als jemals zuvor. Dann übernimmt China das Zepter und streitet mit den USA, während wir tatenlos zusehen müssen, wie der Konflikt ausgeht und was er für uns bedeutet.

Angesichts dieser großen außenpolitischen Herausforderungen und der neuen Bedrohungslage, die durch den Ukrainekrieg entstanden ist, werden wir erstmals seit Jahrzehnten – so meine Prognose – mit Wohlstandsverlusten konfrontiert werden. Wir werden Verteilungskämpfe bekommen, die den politischen Wettbewerb der Parteien maßgeblich bestimmen werden. Die daraus erwachsenden Gefahren für unser Land sind immens.

Ohne wirtschaftlichen Erfolg werden wir volkswirtschaftlich zukünftig nicht mehr in der Lage sein, ausreichend in Bildung und Innovation und damit in unsere Zukunftsfähigkeit zu investieren. Und der Sozialstaat gerät dann endgültig an seine Grenzen. Wenn man bedenkt, welche Bedeutung ein funktionsfähiger Sozialstaat für ein friedliches Miteinander und den gesellschaftspolitischen Frieden hat, wird klar, wie wichtig wirtschaftlicher Erfolg für unser Gemeinwesen ist.

Dass aber der Wohlstand erst einmal erwirtschaftet werden muss, bevor er verteilt werden kann, gerät gern in Vergessenheit. Sind wir vielleicht auch deshalb so träge und langsam, weil wir schlicht satt geworden sind? Das Geld ist stets da, Jobs gibt es zur Genüge und im Zweifel fängt der Staat einen ja auf. 2021 gaben in einer Umfrage des Berliner Trendence Instituts unter 25.000 Schülerinnen und Schülern ganze 44 Prozent an, sich am ehesten beim öffentlichen Sektor oder bei Nichtregierungsorganisationen („NGOs") bewerben zu wollen. Auch die Einstellung zur Arbeit hat sich geändert. Junge Absolventen ziehen eine ausgeglichene „Work Life Balance" längst einer hohen

Vergütung oder Karrieremöglichkeiten vor. Keine Frage: Der öffentliche Dienst ist das Rückgrat unseres Rechtsstaats und unserer Demokratie und deshalb enorm wichtig. Aber wahr ist auch: Unseren Wohlstand werden wir nur halten können, wenn es auch Menschen gibt, die ihre eigenen Ideen und Visionen umsetzen wollen, sei es als Mitarbeiter in einem Unternehmen oder als Selbstständige.

Deutschland steht heute an einem Punkt ähnlich wie im Frühjahr 1997. Unser Land war damals mutlos und gelähmt. Diese Worte stammen nicht von mir, sondern vom damaligen Bundespräsidenten Roman Herzog. In der berühmten Berliner „Ruck"-Rede fragte er am 26. April 1997, was denn los sei mit unserem Land. Herzog: „Der Verlust wirtschaftlicher Dynamik, die Erstarrung der Gesellschaft, eine unglaubliche mentale Depression – das sind die Stichworte der Krise. Sie bilden einen allgegenwärtigen Dreiklang, aber einen Dreiklang in Moll."

Der Bundespräsident weiter: „In Amerika und Asien werden die Produktzyklen immer kürzer, das Tempo der Veränderung immer größer. Es geht auch nicht nur um technische Innovation und um die Fähigkeit, Forschungsergebnisse schneller in neue Produkte umzusetzen. Es geht um nichts Geringeres als um eine neue industrielle Revolution, um die Entwicklung zu einer neuen, globalen Gesellschaft des Informationszeitalters." Seine Prognose: „Deutschland droht tatsächlich zurückzufallen."

Heute muss man sagen, dass der ehemalige Bundespräsident fast hellseherische Fähigkeiten hatte. Die deutsche Wirtschaft erlebt in diesen Jahren einen dramatischen Bedeutungsverlust. In der von Herzog skizzierten neuen Tech-Welt liegen die Amerikaner heute weit vorne: Apple, Microsoft, die Google-Muttergesellschaft Alphabet, Amazon und Meta waren 2022 nach einer Studie des Prüfungs- und Beratungsunternehmens EY in den Top 10 der 100 wertvollsten börsennotierten Unternehmen der Welt gelistet. Und nichts spricht derzeit dafür, dass ihre Stellung gefährdet ist. Hier liegt die Technologieführerschaft. Und diese Technologieführerschaft wirkt sich auf unsere Leitbranchen wie die Automobilwirtschaft und den Maschinenbau aus. Denn auch in diesen Branchen wird Technologie immer wichtiger.

Neben den USA sind China, Indien und andere asiatische Staaten auf dem Vormarsch. Deutschland hält nicht Schritt und verliert zunehmend den Anschluss. Das zeigt sich symptomatisch bei den Banken, wo wir anders als die Konkurrenz in den USA, China, Großbritannien, Frankreich und sogar Spanien nicht mehr in der ersten Liga spielen. Banken sind Seismografen für die Entwicklung der Realwirtschaft und stehen für das Große und Ganze.

Im Übrigen befand sich 2022 kein einziges Dax-Unternehmen in den Top 100 der wertvollsten Unternehmen weltweit. 15 Jahre zuvor waren es noch sieben, 2021 wenigstens noch zwei: SAP und Siemens. Neun der zehn teuersten Unternehmen der Welt haben ihren Sitz in den USA. Wir können uns auch nicht damit trösten, dass auch andere europäische Länder in dem Sektor nicht mit den USA konkurrieren können. Wir können eher froh sein, dass der „German Mittelstand" (noch) so stark ist und einiges auffängt. Laut staatlicher Förderbank KfW sind mittelständische Unternehmen nach wie vor entscheidend für Deutschlands Wachstum und Wohlstand.

Roman Herzog sah damals noch ein anderes Problem: „Unser eigentliches Problem ist ein mentales: Es ist ja nicht so, als ob wir nicht wüssten, dass wir Wirtschaft und Gesellschaft dringend modernisieren müssen. Trotzdem geht es nur mit quälender Langsamkeit voran. Uns fehlt der Schwung zur Erneuerung, die Bereitschaft, Risiken einzugehen, eingefahrene Wege zu verlassen, Neues zu wagen."

Herzog: „Dabei leisten wir uns auch noch den Luxus, so zu tun, als hätten wir zur Erneuerung beliebig viel Zeit: ob Steuern, Renten, Gesundheit, Bildung, selbst der Euro – zu hören sind vor allem die Stimmen der Interessengruppen und Bedenkenträger. Wer die großen Reformen verschiebt oder verhindern will, muss aber wissen, dass unser Volk insgesamt dafür einen hohen Preis zahlen wird. Ich warne alle, die es angeht, eine dieser Reformen aus wahltaktischen Gründen zu verzögern oder gar scheitern zu lassen." Die Rede ist mittlerweile ein Vierteljahrhundert alt. An Aktualität hat sie erschreckenderweise nichts eingebüßt.

Herzogs Rede schließt mit einem Appell: „Alle politischen Parteien und alle gesellschaftlichen Kräfte beklagen übereinstimmend das große Problem der hohen Arbeitslosigkeit. Wenn sie wirklich meinen, was sie sagen, erwarte ich, dass sie jetzt schnell und entschieden handeln!" Weiter: „Aber es ist nicht zu spät. Durch Deutschland muss ein Ruck gehen." Etwa fünf Jahre später gab es einen ersten Ruck. Er hieß „Agenda 2010". Lieber spät als nie. Und heute? Heute wird die Agenda 2010 rückabgewickelt. Zukünftig gilt nur noch „fördern", nicht mehr „fordern". Hartz IV soll in ein neues System überführt werden, wo es dann grundsätzlich keine Sanktionen für Fehlverhalten mehr geben soll.

Heute stehen wir also wieder an einer Weggabelung. Der Sommer 2022 stand sinnbildlich für den Zustand unseres Landes. Deutschland hat sich international blamiert, als es in

Bahnhöfen und auf Flughäfen zu Chaos kam und Zehntausende Koffer erst Tage später – wenn überhaupt – zu ihrem Besitzer gelangten. Zur Erinnerung: Wir galten über Jahrzehnte hinweg als Organisationsweltmeister. Bei der Ausrichtung großer Sportereignisse wie der Fußball-WM 2006 haben wir noch bewiesen, dass die Bundesrepublik diesen Titel zu Recht trägt. Im Sommer 2022 sollten dann 2000 Arbeitskräfte aus der Türkei in einem beschleunigten Verfahren eingesetzt werden, um das „Koffer"-Problem an deutschen Flughäfen zu lösen. Und selbst das ist nicht gelungen. Bis zum Ende des Sommers 2022 kamen nicht einmal 100 türkische Arbeitskräfte nach Deutschland, um die Koffer an den richtigen Bestimmungsort zu bringen. Die notwendigen Sicherheitsüberprüfungen dauerten zu lange.

Kann das wirklich sein? Was ist nur los? Was läuft schief in unserem Land? Ich habe darüber mit vielen Bürgern gesprochen. Einige Inhalte aus den Gesprächen habe ich im Buch besonders hervorgehoben. Immer wieder dachte ich: Eigentlich will ich das gar nicht hören. Vieles war so haarsträubend und frustrierend, dass ich nur den Kopf schütteln konnte. Einige Bürger sprachen von einem versagenden Staat. Andere fragten: Wie schafft es ein Konzern wie Wirecard, Hunderte nicht vorhandene Millionen Euro in der Bilanz stehen zu haben, ohne dass es staatlichen Kontrolleuren auffällt? Wieso kann ein Verteidigungsministerium über Jahre hinweg rechtswidrig Beraterverträge vergeben? Warum braucht es überhaupt so viele externe Berater, wenn gleichzeitig die Beamtenapparate in den Ministerien immer weiter aufgebläht werden?

Noch immer sitze ich im ICE und schaue aus dem Fenster. Ich stelle mir in diesen Jahren so häufig die Frage, wie wir aus diesem Teufelskreis herauskommen. Und schon denke ich wieder an die Begegnung mit der Bundeskanzlerin in Hamburg Anfang 2016. Politik müsse sich vor allem im Heute bewegen. Kommende Herausforderungen seien etwas für nächste Politikergenerationen, so Angela Merkel.

Je länger ich über diese Begegnung nachdenke, desto grundsätzlicher werden meine Gedanken. Würde ich nicht genauso handeln, wenn ich heute Bundeskanzler wäre? Wie erginge es mir dann, wenn ein Krieg in Europa tobte und die Energiepreise explodierten? Wenn ich sehen würde, dass sich immer mehr Menschen durch die hohe Inflation existenzielle Sorgen machen? Würde ich mich dann morgens um sieben Uhr um die Digitalisierung der Verwaltung kümmern oder würde ich Ad-hoc-Entlastungspakete schnüren? Ich bin mir sicher: Ich würde (auch) Letzteres machen.

Aber damit kann und will ich mich nicht zufriedengeben. Wir dürfen uns jetzt nicht schon wieder nur in den Krisenmodus begeben und die dringend notwendigen Reformen erneut liegen lassen. In den vergangenen Jahren, angefangen mit der Coronakrise, wurde uns so deutlich wie nie vor Augen geführt, wohin eine allein im Heute verhaftete Politik führt. Eine Politik, die mehr verwaltet als gestaltet und Akten bloß von links nach rechts schiebt. Eine Politik, die in Bürokratie erstickt. Eine Politik, die weder für Aufbruch noch Erneuerung steht. Wir müssen endlich damit anfangen, unsere verkrusteten Strukturen aufzubrechen.

Wird die Ampel das schaffen? Ich befürchte nein. Man muss nur einen Blick in den Koalitionsvertrag werfen. Es fehlen dort handfeste Aussagen, mit denen die Koalition Verantwortung übernimmt und klar Farbe bekennt. Dieser Koalitionsvertrag vergräbt unterschiedliche Positionen unter Seiten voller wohlklingender Worte und unverbindlicher Ziele. Nur kein Klartext, nur keine verbindlichen Aussagen treffen, nur nicht angreifbar machen. Wenn Politik versucht, es allen recht zu machen, kommt eine Sprache raus, die vor allem schwammig und unverbindlich ist und vage bleibt.

Beim Lesen des Koalitionsvertrages habe ich gedacht: Jetzt wünsche ich mir eine Nadel, um in diesen großen Schwurbelballon zu stechen und die ganze heiße Luft rauszulassen. Die Ampel ist eine Regierung, die nur im Krisenmodus agiert, anstatt die nötigen Strukturreformen anzugehen. Zur Ehrlichkeit gehört aber auch, wir – die Union – hätten es vermutlich nicht viel besser gemacht. Auch wir haben viel zu lange Klartext vermieden.

Den Status quo nur zu bewahren und zu verwalten und Herausforderungen immer nur mit Milliardensummen zuzuschütten, muss ein Ende haben. Nur wie bekommen wir die Kurve? Meines Erachtens sind dafür drei Punkte entscheidend.

Erstens: Wir alle, Politik, Medien und Gesellschaft, müssen lernen, Krisen als Normalzustand anzusehen. Die Welt wird komplexer und schnelllebiger, Krisen sind Teil unseres Alltags. Zu lange haben wir geglaubt, wir könnten nach Beilegung einer Krise zu einem Normalzustand vor der Krise zurückkehren und uns – dann aber wirklich – den langfristigen politischen Aufgaben widmen.

Immer wieder wurden die Krisen ins Feld geführt, um zu erklären, warum diese unliebsame Entscheidung oder jene kontroverse Reform nicht getroffen oder gemacht worden ist. Wir sind an einem Punkt angekommen, an dem wir uns von diesem Denken endgültig verabschieden müssen. Es darf keine Entschuldigungen mehr geben. Wir müssen die anderen Herausforderungen parallel zu den jeweils aktuellen Krisen lösen, ganz egal, wie schwierig die politische Situation gerade ist.

Zweitens: Wir müssen uns wieder den tatsächlich wichtigen Themen widmen. In den vergangenen Jahren wurden Themen „hochgezogen", wie etwa die Gendersprache, die für eine Mehrheit der Bevölkerung keine Rolle spielen. Viele Bürger haben genug Schwierigkeiten, finanziell über die Runden zu kommen, obwohl sie hart arbeiten. Sie haben im Alltag schon genug Herausforderungen zu meistern, da wollen sie nicht auch noch von der Politik „erzogen" werden.

Diese Entwicklung tut der Politik insgesamt nicht gut. Für die meisten Bürger ist es nicht entscheidend, ob eine Band mit weißen Musikern Dreadlocks tragen darf oder ob ein Lied wie „Layla" auf öffentlichen Plätzen verboten werden soll. Sie wollen vielmehr wissen, wie sie die steigenden Energiekosten bezahlen sollen, wie wir die Klimafrage lösen und die Migration steuern, wie ihre Kinder eine gute Bildung bekommen, wie sie vor Kriminalität geschützt werden und wie sie im Alter eine Rente bekommen, von der sie leben können. All diese Fragen, um nur einige wenige der großen Fragen des vorigen Kapitels zu benennen, treten im Zuge der virtuellen Aufgeregtheit in Zeiten von Twitter und Instagram dann häufig in den Hintergrund.

Und schließlich drittens: Wir müssen klare Zuständigkeiten schaffen. Niemals ist mir das so aufgefallen wie während der Coronakrise: Jeder schob die Verantwortung weiter. Vom Bund auf das Land, zur Not auf die Kommune. Schuld waren immer andere – ob bei den fehlenden digitalen Strukturen, ob bei den 2G- oder 3G-Regeln oder den fehlenden Luftreinigungsfiltern in den Schulen. Wenn etwas nicht funktionierte oder widersprüchlich war: Schuld trugen immer die anderen.

Mein Vorschlag: Die Verantwortlichkeiten müssen in Zukunft in den Koalitionsverträgen klar festgeschrieben werden. Welches große strukturelle Projekt muss jeder Minister in seinem Ressort in welcher Zeit umsetzen? Vermutlich würde es dann nur noch Minister geben, die auch wirklich etwas von ihrem Handwerk verstehen. Denn am Ende der Periode muss jeder Bürger kontrollieren können, ob das wichtigste zukunftsweisende Projekt umgesetzt wurde oder nicht. Dann reicht es meines Erachtens auch aus, wenn Koalitionsverträge in Zukunft nur wenige Seiten lang sind. Je kürzer, desto besser, desto klarer. Die vergangenen Koalitionsverträge waren das Gegenteil: Es waren Textgräber, in denen sich alle kleinteilig wiederfinden und sich alles so uninspirierend liest wie das Protokoll einer Wohnungseigentümer- oder Mietervereinsversammlung.

Kurzum: Nicht zu viele Seiten, einfache, verständliche Hauptsätze und jede Zeile Inhalt pur, das muss das Ziel sein. Dann zieht auch wieder Mut in die Politik ein. Mut zur Ehrlichkeit – auch wenn diese Ehrlichkeit unpopulär ist. Denn so wie heute kann es nicht weitergehen. Wir dürfen uns vor Problemen nicht wegducken – auch wenn sie uns vermeintlich Stimmen kosten. Wir müssen das Richtige für unser Land tun, nicht das, was politisch am bequemsten ist und vermeintlich die meisten Stimmen bringt. „Freibier für alle" ist keine seriöse Politik.

Im Übrigen bin ich davon überzeugt, dass die Wähler Ehrlichkeit gut ertragen können und durchaus in der Lage sind zu erkennen, wann unpopuläre Entscheidungen notwendig sind. Es ist gleichzeitig aber auch die Pflicht der Politik, die Wähler von dieser Notwendigkeit zu überzeugen. Politik darf nicht einknicken, wenn es ungemütlich wird. Die Bereitschaft zu Veränderungen ist nach meinem Empfinden so hoch wie seit zwei Jahrzehnten nicht mehr. Wann, wenn nicht jetzt, ist die Zeit für grundlegende Reformen?

Wir stehen mit dem Rücken an der Wand – und der Abstand zur Wand wird immer kleiner. Wenn wir es jetzt nicht schaffen, dann schaffen wir es auch in Zukunft nicht. Dann droht Deutschland, seine Rolle als ökonomisches Herz Europas und als führende Industrie- und Erfindernation vollends zu verlieren.

Natürlich zählen zu den notwendigen Reformen keine kurzfristigen Strohfeuer wie das Neun-Euro-Ticket oder eine befristete Mehrwertsteuersenkung. Nein, ich spreche von echten strukturellen Reformen, die dem Land wieder neuen Schwung geben, die Eigeninitiative und Selbstverantwortung fördern und so ungeahnte Kräfte freisetzen. Ich spreche von einem echten Mentalitätswandel. Ich spreche davon, dass wir „einfach mal machen", ohne dass jemand gleich sagt: „Es geht nicht, weil...". Um das zu schaffen, brauchen wir Aufbruch, Erneuerung und Optimismus.

Inzwischen bin ich mit dem Zug in meiner Heimat Ostwestfalen angekommen. Trotz aller von mir beschriebenen Herausforderungen bin ich der Meinung, dass wir die besten Voraussetzungen für diesen Mentalitätswechsel haben. Laut einer großen Jugendstudie der Bertelsmann Stiftung aus dem August 2022 wollen 80 Prozent der Jugendlichen die Zukunft aktiv gestalten und mehr Verantwortung übernehmen.

Kaum ein Land hat bessere Rahmenbedingungen für so einen großen Aufbruch. Deutschland ist die größte Volkswirtschaft Europas und die viertgrößte der Welt. Und das, obwohl erheblich weniger Einwohner dazu beitragen als in den Spitzennationen USA und China. Unsere Forschungseinrichtungen, Universitäten, Fachhochschulen, der Mittelstand, Arbeitgeber wie Arbeitnehmer sind nach wie vor hoch innovativ, unsere Produkte sind weltweit gefragt.

Der erste Impfstoff, der weltweit gegen COVID-19 zugelassen wurde und einen entscheidenden Beitrag zur Eindämmung der Pandemie geleistet hat, war „Made in Germany". Die Beschäftigungsquote ist hoch, die Jugendarbeitslosigkeit niedrig – auch dank unseres hervorragenden dualen Ausbildungssystems, das weltweit kopiert wird. Das Wachstumspotenzial durch neue Technologien wie künstliche Intelligenz, maschinelles Lernen und Robotik ist gigantisch.

Allen Grund zum Optimismus gibt auch der globale Blick. Der medizinische Fortschritt ist enorm. Die Kindersterblichkeit hat sich seit 1990 weltweit mehr als halbiert. Die Alphabetisierung steigt kontinuierlich, ebenso die Versorgung mit Internet und Bildung. Immer weniger Menschen leben in extremer Armut. Auch dafür ist die Politik zuständig. Es ist also nicht alles schlecht. Entscheidend für den weiteren Erfolg ist jedoch, dass wir Wohlstand und Fortschritt nicht als selbstverständlich erachten. Grundlage dafür sind Fleiß, Mut und Reformbereitschaft. Das Zeitfenster für Reformen ist geöffnet.

Noch nach der Bundestagswahl habe ich gesagt, dass meine Partei an einer Wegscheide steht. Entweder wir gehen den gleichen Weg wie die Konservativen in Holland oder Italien oder anderswo in Europa und marginalisieren uns selbst. Oder wir starten jetzt voll durch und nutzen die Oppositionszeit, um ohne Rücksichtnahme auf das Kanzleramt oder den Zeitgeist unsere Überzeugungen nach außen zu tragen. Ich bin mittlerweile guter Dinge, dass wir das packen. Der neue Grundsatzprogrammprozess läuft auf Hochtouren, die Partei ist motiviert.

Ich möchte einen ehrlichen Neustart für meine Partei, die Politik und unser Land. Mein persönlicher Wunsch ist, wieder für die Aufbruchsstimmung zu sorgen, die ich als junger Bursche auf dem Leipziger Parteitag 2003 erlebt habe. Ich erinnere nochmals an die Aussage von Angela Merkel: „Wir können mehr. Deutschland kann mehr. Zeigen wir, was in diesem Land steckt. Setzen wir die Kräfte des Aufbruchs frei. Geben wir diesem Land, was es verdient."

Das ist mein Ziel. Aber vor allem ist mein Ziel, dass wir dieses Mal Wort halten.

Dank

Für die Entstehung dieses Buches habe ich zu danken. Zunächst einmal all den unzähligen Menschen, die mir in den letzten Jahren und Monaten Mails geschrieben oder mich persönlich angesprochen haben. Durch ihren Blick auf Politik und unser Land hat sich auch mein Blick geweitet.

Zu danken habe ich auch meinen Interviewpartnern in diesem Buch. Ihre Schilderungen waren für mich eindrücklich und ihre Erlebnisse gehören an die Öffentlichkeit. *Focus online* und *Tagesspiegel* danke ich, dass einige Passagen von Texten, die ich in den letzten Jahren als Gastautor bei ihnen veröffentlicht habe, hier noch einmal verwendet werden durften.

Dank schulde ich nicht zuletzt Dr. Anke Löffler, Katrin Frare-Landau, Dr. Nils Hesse und Hubertus Struck für zahlreiche Gespräche und Anregungen, die mir halfen, meine Gedanken zu sortieren. Sie scheuten auch nicht davor zurück, mich kritisch und hartnäckig auf Unstimmigkeiten hinzuweisen.

Gewidmet ist dieses Buch meinem Bruder Marcus.

Über den Autor

Foto: Tobias Koch, © Carsten Linnemann

Carsten Linnemann, Dr. rer. pol., geb. 1977, Sohn einer Buchhändlerfamilie. Er studierte nach dem Wehrdienst Betriebswirtschaftslehre an der FHDW Paderborn. Es folgte das Promotionsstudium der Volkswirtschaftslehre an der TU Chemnitz. 2006 bis 2007 war er Assistent des Chefökonomen der Deutschen Bank, Norbert Walter. Danach arbeitete er als Volkswirt bei der IKB Deutsche Industriebank im Bereich Konjunktur und Mittelstand. 2009 wurde Linnemann erstmals in den Deutschen Bundestag gewählt (Direktmandat im Wahlkreis Paderborn), dem er bis heute angehört. Von 2013 bis 2021 war er Bundesvorsitzender der Mittelstandsunion (MIT). Seit 2013 gehört er dem Bundesvorstand der CDU an, 2022 wurde er stellvertretender Bundesvorsitzender. Seit Januar 2022 ist er Vorsitzender der CDU-Programmkommission und damit für die Neuausrichtung seiner Partei zuständig. Ehrenamtlich engagiert er sich u. a. für die Stiftung LEBENSlauf, deren Gründer und Vorsitzender er ist.

Ist die große Inflation noch zu stoppen?

432 Seiten | Gebunden
mit Schutzumschlag
ISBN 978-3-451-39127-9

Die Coronakrise und der Ukrainekrieg machen der europäischen Wirtschaft zu schaffen. Die EZB versucht, den Euroraum auf Kurs zu halten. Ihre Politik birgt aber immense Risiken: Die Schulden explodieren, die Zinsen bleiben tief und die Inflation ist bereits im Gange. Für Hans-Werner Sinn ist klar: Europa muss schleunigst zu einer soliden Geldpolitik zurückkehren. Nur so kann der europäische Traum von Wohlstand und Frieden gerettet werden.

In jeder Buchhandlung!

HERDER

www.herder.de